성령으로 혁신하는 리더십

정인수 지음

성령으로
혁신하는 리더십

지은이 | 정인수
초판 발행 | 2012. 11. 12.

등록번호 | 제3-203호
등록된 곳 | 서울특별시 용산구 서빙고동 95번지
발행처 | 사단법인 두란노서원
영업부 | 2078-3333 FAX | 080-749-3705
출판부 | 2078-3477

책 값은 뒤 표지에 있습니다.
▌ISBN 978-89-531-1835-5 03230

독자의 의견을 기다립니다.
▌tpress@duranno.com http://www.duranno.com

▌이 책의 성경본문은 개역개정판을 사용했습니다.

두란노서원은 바울 사도가 3차 전도여행 때 에베소에서 성령 받은 제자들을 따로 세워 하나님의 말씀으로 양육하던 장소입니다. 사도행전 19장 8-20절의 정신에 따라 첫째 목회자를 돕는 사역과 평신도를 훈련시키는 사역, 둘째 세계선교(TIM)와 문서선교(단행본·잡지) 사역, 셋째 예수문화 및 경배와 찬양 사역, 그리고 가정·상담 사역 등을 감당하고 있습니다. 1980년 12월 22일에 창립된 두란노서원은 주님 오실 때까지 이 사역들을 계속할 것입니다.

성령으로 혁신하는 리더십

정인수 지음

두란노

CONTENTS

Part 1

새로운 부흥의 물결로 교회를 혁신하라

혁신의 바람이 불다

Part 2

새로운 부흥의 물결로 교회를 혁신하라

새로운 부흥은 이렇게 시작된다

Part 3 새로운 부흥의 물결로 교회를 혁신하라

성령의 리더십으로 선교에 헌신하라

에필로그 _ 부흥을 사모한다면 리더십을 혁신하라!

위기의 시대를 극복하는
성령의 혁신 리더십

오늘의 시대를 '불확실성이 상수화된 시대'라고 말합니다. 경제 위기를 벗어나고 있다고 하지만 미래가 투명하지 않습니다. 그래서 사람들이 불안해하는 시대입니다. 경제학자는 경제적으로, 정치가는 정치인 대로, 사회학자는 사회적으로 이 시대의 위기를 분석하고 전망을 말하지만 더 많이 알면 알수록 사람들은 더 불안해하는 시대입니다.

인간의 모든 문제들을 성경은 다 답해 줍니다. 가정의 문제, 마음의 문제, 자녀의 문제, 영혼의 문제가 있습니까? 어느 것이든지 아버지 앞에 나와서 주의 말씀을 들으며 성경을 읽어 나가면 답이 나옵니다. 우리가 어려움을 겪을 때마다 틀림없는 것은 교회만 든든하게 서 있으면 된다는 것입니다. 파도는 배만 든든하면 괜찮습니다. 파도에 대해서는 말하지 말고 교회라고 하는 방주를 보아야 합니다. 이 방주가 방주의 사명을 다하고 든든하고 평안하고 부흥하면 아무 문제가 없습니다. 우리 온 교회가 평안하여 든든히 서 가고 성령의 위로로 진행해 나아가면 문제가 없습니다. 그래서 하나님을 사랑하는 분들이 교회의 부흥과 평안을 위해 기도해야합니다.

부흥보다는 절망을 이야기하는 시대에 미국 한인 교회의 오랜 목회 경험과 목회 노하우를 담은 정인수 목사님의 저서『성령으로 혁신하는 리더십』이 출간됨을 축하드립니다. 어려울수록 교회가 바로 서고 부흥하면 파도가 커도 문제가 없습니다. 정 목사님의 귀한 저서를 통해 불안의 시대, 위기의 시대에 교회의 부흥을 이끄시는 성령님의 새로운 역사를 함께 경험하시길 바랍니다. 성령의 혁신하는 리더십으로 이 위기의 시대를 극복하시기를 바랍니다.

김삼환(명성교회 담임목사)

복음의 능력과 교회의 부흥을
이루는 성령의 혁신 리더십

정인수 목사님은 그동안 혁신의 리더십을 통해 말씀에 뿌리를 내리고 성령의 역동성으로 교회를 세워 나가는, 복음의 능력과 성령의 역사가 상생하는 목회를 귀하게 감당해 오셨습니다. 또한 무엇보다 주님 앞에 겸손하게 엎드림으로 성령의 새롭게 하시는 능력으로 교회와 영혼의 혁신을 주도하며, 성도들이 신앙의 역동성을 회복하고 선교적 소명을 감당하도록 견인하는 혁신 목회의 리더십을 보여주셨습니다.

정인수 목사님의 『성령으로 혁신하는 리더십』에는 부흥의 하나님과 새롭게 하시는 성령의 역사와 혁신의 패러다임으로 건강하게 세워진 선교 공동체의 이야기가 담겨 있습니다. 이 책은 이 땅에서 하늘의 능력을 보이는 교회의 영광을 다시 목도하기 원하는 모든 이들에게 부흥의 물결이 다시 일어날 수 있다는 소망의 바람을 일으키게 될 것입니다.

특별히 정인수 목사님과는 오랜 이민 교회의 전투적 동지애로 함께 한국 교회의 선교적 리더십과 북한 지하 교회의 순교적 리더십, 세계

180여 개국에 흩어진 700만 디아스포라의 글로벌 리더십이 잘 조화되어 세계 선교의 마무리를 위해 귀히 쓰임 받도록 기도하고 있는데, 정 목사님의 『성령으로 혁신하는 리더십』이 세계 선교의 부흥의 물꼬를 트는 귀한 역할을 감당하리라 기대합니다.

오정현(사랑의교회 담임목사)

부흥과 개혁의 물결을 일으키는 성령의 혁신 리더십

부흥은 한두 번의 뜨거운 기도와 열정으로 일어나지 않습니다. 하나님 앞에서의 오랜 기도와 헌신을 통해 하나님께서 부어 주실 때 일어나는 것입니다. 하나님께서 일으키시는 부흥에는 반드시 하나님께 붙잡힌 지도자가 있습니다. 먼저 하나님의 부흥을 체험하고 성도들을 부흥의 물결로 인도하는 지도자가 있습니다.

개혁은 한두 가지의 제도의 변화로 이루어지는 것이 아닙니다. 끊임없는 인식의 전환과 도전만이 진정한 개혁을 이룰 수 있습니다. 어떤 공동체에서도 자신을 개혁하지 않는 지도자에 의해서는 아무런 개혁도 일어나지 않습니다.

정인수 목사님은 부흥과 개혁이라는 두 가지 코드를 목회 현장에서 깊이 체험한 분입니다. 더욱이 이민 한인 교회의 현장에서 성도들이 부흥과 개혁을 경험하도록 인도하셨습니다. 성도들과 함께 현실에서 비전으로, 목마름에서 충만함으로, 안일함에서 목숨을 건 도전으로 나아가는 가운데 많은 경험을 하셨습니다. 이 경험은 사도행전적 교회를 꿈꾸는 모든 교회 지도자들과 성도들에게 꼭 나누어야 하는 간증입니다.

이 귀한 책이 부흥과 개혁을 꿈꾸는 많은 지도자들과 성도들에게 읽혀서 함께 부흥의 파도를 경험할 수 있기를 소망합니다.

이재훈(온누리교회 담임목사)

하나님은 부흥의 하나님이시다

　요즘 한국 교회든지 이민 교회든지 희망보다는 절망을 더 많이 이야기한다. 교회가 성장을 멈추었다는 이야기를 주로 듣게 된다. 그리고 문을 닫는 교회가 속출하고 있다는 우울한 이야기도 듣는다. 이민 교회는 1980년에서 2000년에 이르기까지 강력한 성장을 경험했다. 그러나 이민 추세가 주춤하면서 교회마다 성장에 제동이 걸렸다. 아울러 금융 위기 등 경제의 어려움을 겪으면서 이민 교회도 활력을 잃어 가고 있다. 학자들은 교회가 활력을 잃어 가는 것을 포스트모더니즘과 세속주의의 자연스러운 흐름이라고 예견하기도 한다.

　그러나 누가 정체된 교회를 원하겠는가? 아무도 그런 교회를 목회하기를 원하지 않는다. 문제는 많은 교회가 정체와 쇠퇴에서 활력과 갱신으로 나아가기 위한 변화를 시도하지 않는다는 것이다. 정체된 교회를 새롭게 하는 것은 물론 쉬운 일이 아니다. 그러나 그대로 앉아 있을 수만은 없다. 세속주의의 물결이 거세게 일수록 우리는 더욱 더 부흥의 필요를 절감해야 한다. 이런 시대일수록 모든 영적 리더들이 무릎을 꿇고 하나님의 은혜의 보좌를 바라보며 회개의 자리로 나아가야 한다. 그럴 때 교회에 하나님의 은혜와 능력이 임할 것이다.

어두움의 시대일수록 성령도 더 강하게 역사하신다. 그러므로 새 시대에는 성령의 능력을 온전히 의지하며 성령을 통한 변화를 간구해야 한다. 특별히 리더들의 영적 부흥과 혁신이 필요하다. 나아가 불필요한 사역 구조를 과감히 구조 조정해야 한다. 또 다른 부흥의 과제는, 하나님의 비전과 목적에 합당한 혁신적인 목회 구조로 기존 교회가 갱신해야 한다는 것이다.

하나님은 부흥의 하나님이시다. 하나님은 오히려 절망의 시간에 우리를 부흥으로 인도하시는 경이의 하나님이다. 부흥은 자동으로 오지 않는다. 부흥을 열망해야 한다. 조나단 에드워드는 "부흥은 하나님의 주권적인 선물이다. 그러나 아무 곳에나 임하는 것이 아니라 사모하는 곳에 임한다"라고 말했다. 부흥의 역사를 보면 사모하는 자들에게 부흥의 은혜를 부어 주셨다. 그러므로 부흥을 위한 우리의 지난한 몸부림이 아울러 필요하다.

나는 아틀란타 연합장로교회에서 지난 17년을 목회하면서 부흥의 하나님을 체험하게 되었다. 교회뿐 아니라 내 인생의 부흥도 체험했다. 그러면서 부흥이란 하나님의 주권과 인간의 수고가 잘 조화를 이룰 때 더욱 강력하게 일어남을 깨닫게 되었다. 부흥을 위한 가장 중요한 선행 조건은 혁신이다. 나는 기성 교회를 혁신하는 사역자로 하나님의 소명을 받았다는 확신이 있다. 이미『교회를 혁신하는 리더십』(두란노, 2004),『영혼을 혁신하는 목회 리더십』(두란노, 2008) 등의 혁신의 내용을 담은 두 권의 책을 집필했다. 두 책을 통해 교회와 영적 지도자들이 자신을 혁신하는 것이 얼마나 중요한지를 강조했다.

지난 17년간 한 교회에서 목회하면서 혁신으로 인해 때때로 평신도 지도자들로부터, 교인들로부터 거부감과 저항에 직면하기도 했다. 혁신의 초기에는 "이러한 변화 뒤에 목회자의 불순한 의도가 있지는 않은가?" 하는 의구심을 가지고 나를 힘들게 한 분들도 있었다. 때로 고통이 심하여 혁신의 자리에서 내려앉고 싶은 연약함이 찾아왔다. 그러나 하나님의 은혜로 모든 고난과 반대를 극복하고 혁신의 교회로 나아가며 하나님의 축복을 많이 누리게 되었다.

피눈물 가운데 혁신의 교회로 나아간 노하우를 나눌 때 적지 않은 목회자들, 평신도 지도자들과 교회가 적극적이며 긍정적인 반응을 보였다. 미국과 한국의 여러 지역을 다니면서 목회자 세미나와 제직 세미나도 인도하게 되었다. 매년 목회자들을 위한 목회 비전 세미나를 열기도 했다. 이미 천여 명이 넘는 목회자들과 평신도 지도자들이 우리 교회를 방문했다.

나 자신과 아틀란타 연합장로교회도 혁신의 지평을 넓혀 갔다. 혁신의 교회로 나아가면서 하나님은 우리 교회가 선교적인 교회로 나아가는 은혜를 베푸셨다. 지구촌 곳곳에서 현지 목회자 훈련을 감당하게 하셨다. 중남미와 아프리카 등지에 수십 개의 교회를 개척하고 유치원과 초등학교, 중고등학교를 설립하게 하셨다. 아울러 니카라과, 멕시코, 과테말라, 아르헨티나와 같은 중남미와 중국, 한국, 동유럽에서 선교사 훈련을 하고 있고 유럽 지역과 케냐, 에티오피아, 우간다 등과 같은 아프리카 지역에 이르기까지 지구촌 전역을 오가며 현지 목회자 훈련을 시도하고 있다.

지구촌을 순례하며 사역과 선교의 지평을 넓혀 가는 가운데 하나님이 새로운 부흥의 물꼬를 트고 계신다는 믿음의 확신이 찾아왔다. 분명히 현실은 어렵고 고통스럽지만 하나님이 이끄시는 새로운 부흥의 물결이 오고 있다는 영감이었다. 그러면서 이 물결을 정리하여 세 번째 책을 써야겠다는 소명이 생겼다. 낙담과 절망에 빠져 있는 목회자들과 영적 지도자들에게 도전하면서 오히려 그들을 부흥의 새로운 물결을 일으키는 주역으로 삼아야 한다는 거룩한 부르심이 느껴졌다.

　새로운 부흥의 물결의 진원지는 분명 성령님이시다. 성령만이 교회를 새롭게 부흥할 수 있는 원동력이다. 하비 콕스는 그의 저서『종교의 미래』(문예출판사, 2010)에서 이미 남반구를 중심으로 새로운 성령의 바람이 불고 있다고 밝히고 있다. 미국의 저명한 시사 잡지 〈타임〉지는 신칼뱅주의를 선언하면서 성령 목회를 미래의 새로운 목회 대안으로 제시하고 있다. 나도 다양한 선교지를 다니면서 성령의 역동적인 능력을 체험하며 말씀 목회와 성령 목회가 병존하는 새로운 목회를 시도해 오고 있다.

이 책에서는 새로운 부흥의 물결로서 성령과 말씀이 조화된 통전적인 목회를 새로운 목회 방식으로 제안하고 있다.

부흥을 위한 두 번째 키워드는 혁신과 리더십이다. 하나님은 두 가지 형태의 혁신을 통해 부흥의 물꼬를 터지게 하신다. 무엇보다도 목회자들의 리더십 혁신을 통해 부흥의 역사를 주신다. 목회자의 리더십이 혁신되지 않고서는 부흥은 절대로 일어날 수 없다. 그런데 그 리더십의 혁신은 목회가 고통스럽고 절망에 빠질 때 하나님의 은혜 가운데 찾아온다. 그 역설적인 진리를 나는 목회를 통해 경험하게 되었다.

부흥을 위한 또 다른 혁신은 교회의 사역 구조와 관련되어 있다. 교회가 하나님의 목적과 비전을 중심으로 예배, 사역, 양육, 선교 등으로 재구조화될 때 구조적 부흥이 일어난다. 우리 교회는 혁신의 교회로 나아가면서 팀 사역과 공동체 사역을 심화시켜 나갔다. 이와 더불어 목양 중심적이며 하나님의 비전에 맞는 목회적인 구조로 재편성되었다.

부흥의 세 번째 물꼬는 선교적인 교회로 나아갈 때 자연스럽게 터져 나갔다. 선교하는 교회로 나아가면서 하나님이 주신 축복은 이루 말할 수 없었다.

　부흥의 세 가지 키를 이렇게 정리해 봤다. 앞으로 내 목회 비전은 '성
령', '혁신의 리더십', '선교'가 어우러진 새로운 패러다임의 교회를 계
속 발전시켜 나가는 것이다. 나의 남은 일생의 비전은 많은 사람이 하
나님 나라의 꿈을 키우도록 하는 일에 헌신하는 것이다. 나아가서 이
러한 비전의 교회를 선교지와 이 미국 땅에 확산해 나가는 것이다. 비
록 이민 교회라는 열악하고 광야 같은 상황에 처해 있지만 주님의 진
정한 교회, 건강한 교회를 세워 나가는 데 최선의 용기와 열정을 다하
고 싶다.

　이 책이 오늘날 정체된 목회와 교회로 낙담에 빠져 있는 목회자들
과 교회를 부흥시키기 위해 몸부림치는 평신도 리더들에게 새로운 비
전과 부흥의 지경을 넓힐 수 있는 책이 되기를 소망한다. 무엇보다도
이 책을 나에게 선교적인 비전을 안겨 주시고 하나님 나라에 가신 모
친 김순업 권사님에게 바친다. 또 나와 함께 부흥과 혁신의 목회를 위
해 지난 세월 동안 헌신하고 희생한 아내에게 바치고 싶다. 내 목회의

영원한 도움이신 누님들에게도 감사를 전한다. 아울러 이 책은 내 목회에 때때로 유머와 용기를 선사하는 늦둥이 내 아들 선교의 몫이기도 하다. 그리고 부족한 나를 믿고 실험적인 목회를 하도록 격려해 준 아틀란타 연합장로교회의 당 회원들과 모든 교인들에게 드리고 싶다.

끝으로 늘 사랑을 베풀어 주시며 귀한 추천서를 써 주신 김삼환 목사님, 오정현 목사님, 이재훈 목사님에게 진심으로 머리 숙여 감사드린다. 부족한 저서를 정성과 창의성으로 편집해 주신 두란노서원 출판부와 꼼꼼한 교정으로 도움을 준 본 교회 김윤수 간사에게도 감사를 빠뜨릴 수 없다.

2012년 11월

정인수

Part 1
혁신의 바람이 불다

혁신의 교회로 나아가면서 무엇보다도
교회가 목양적 공동체로서 뿌리를 확고히 내리게 되었다.
지난날의 경직된 관료적인 구조 체제로부터
교인들이 서로 사랑하고 섬기고
돌보는 목양적인 구조 체제로 바뀌었다.

•• 혁신의 리더십이 필요한 때다

　많은 분들이 내게 "혁신의 리더십으로 나아간 이후 교회가 어떻게 변화했느냐?"라고 질문한다.

　두 번째 저서인 『영혼을 혁신하는 목회 리더십』의 출간 이후 5년이란 세월이 흘렀다. 그동안 내가 시무하는 아틀란타 연합장로교회에 적지 않은 변화가 찾아왔다. 혁신을 줄기차게 밀어붙인 결과였다. 감당할 수 없는 목회의 위기도 찾아왔지만 하나님을 향한 믿음과 성령의 은혜로 극복했다. 몇 번의 중대한 목회 위기를 하나님의 은혜로 극복하고 난 후 본격적으로 교회의 사역과 구조를 혁신해 나갔다. 주일 소그룹 성경 공부, 선교회, 구역을 아우르는 새로운 소그룹 공동체를 출범키시고 이것을 가정 공동체로 명명했다. 현재 아틀란타 연합장로교회의 가정 공동체는 130여개에 달한다. 매주 혹은 격주로 모여서 서로의 삶을 깊이 있게 나누는 사랑의 교제를 하고 있다.

　아울러 또 하나의 혁신의 날개를 달게 되었다. 그것은 팀 사역이다. 약 160개의 팀 사역으로 나뉘어 교인들이 다양한 사역에 참여하고 있다. 이민 사회에는 신분 중심적인 교회가 많다. 사역도 하지 않고 직

분만을 남발하는 직분 중심의 교회다. 그러나 우리 교회는 교인들의 70%가 자신의 구체적인 사역 현장과 사역 매뉴얼이 있다. 이러한 팀 사역의 세 가지 키워드는 '영성', '공동체 교제', '현장 사역에 필요한 기능'이다. 교인들은 자신의 은사로 교회를 세워 나가며 하나님께 영광을 돌리고 있다. 팀 사역을 통해 신분 중심적인 교회에서 벗어나 점차 사역 중심적인 교회로 정착했다.

혁신의 교회로 나아가면서 행정 과잉의 교회에서 목양과 사역 중심의 교회로 전환되었고, 교회 안팎에서 새로운 변화가 찾아왔다. 교회 사역구조를 건강하게 구조 조정했다. 지난날 아틀란타 연합장로교회 당회는 지나치게 규제 중심적이었으며 권위주의적인 면이 있었다. 이로 인해 당회의 분위기 역시 경직된 때가 많았다. 그러나 혁신의 교회로 나아가면서 당회의 정체성이 교회 사역을 지원하고 힘을 주는 섬김의 기관으로 새롭게 자리매김했다.

또 당회를 정책 당회와 사역 당회로 구분했다. 정책 당회에서는 홀수 달에 모여 교회의 전체 비전, 교회 정책, 펀드 레이징 같은 장기적인 사역의 계획을 당 회원들과 심도 있게 나누고 있다. 짝수 달에는 사역 당회로 모이고 있다. 이 모임에서는 당 회원은 물론 집사회 임원, 교역자들이 함께 모여 교회의 실제적인 당면 사역에 대해 머리를 맞대고 나누고 있다. 당 회원들이 겸손과 섬김의 목회관으로 거듭나도록 끊임없는 훈련을 해 나갔다. 당 회원의 위치를 지위와 권한으로 이해하려는 분위기를 지양해 나갔다. 이로 인해 교회에는 새로운 섬김의 분위기가 형성되기 시작했다.

집사회나 제직회도 지나친 인신공격이나 비난을 나누는 비생산적인 모임으로부터 교회의 사역을 축하하고 감사하는 모임으로 전환했다. 연말에는 당 회원들과 교역자들이 나비넥타이를 메고 테이블을 섬기면서 모든 제직들의 수고를 축하하고 감사하는 만찬을 갖고 있다. 그러면서 교회에 새로운 하나 됨의 은혜가 찾아왔다.

혁신의 교회로 나아가면서 훈련된 리더들의 필요성을 절감하게 되었다. 교회의 많은 문제는, 훈련되지 못한 리더들이 교회의 전반적인 사역을 책임지고 있기 때문에 생긴다. 조직적이고 체계적이며 장기적

인 안목에서의 리더십 문화가 필요하기에, 교회를 리더십 센터로 발전시켜 가려는 노력을 끊임없이 기울여 왔다. 제직들을 평가하며 거기에 따른 리더십 훈련 계획을 세우며 실천해 나갔다. 직분자들도 쉽게 세우지 않고 거룩한 성품 훈련과 기독교적인 세계관으로 무장시켰다. 또한 멘토링과 코칭 시스템을 강화시켰다. 그 결과 교회에 리더십 문화가 정착되어 가고 있다. 아울러 그 리더십들이 차세대에 전수되는 사역에 최선을 다하고 있다.

::

교회의 모든 리더는
겸손히 교인과 교회를 섬겨야 한다.
권위주의에서 벗어나서
주님이 말씀하신 "내 양을 치라"는
목양의 정신을 계승해야 한다.

chapter 01

교회를
새로운 부흥의 물결로 교회를 혁신하라
과감히 **혁신하라**

●

모든 사역자는 목양 정신이 충만해야 한다.
하나님 아버지의 마음으로 양 떼와 인격적인 교감을 갖고,
그들을 위해 중보하며, 그들의 의견을 경청하고,
스스로가 삶의 모범이 되어 양 떼를 이끌어야 한다.

목양적 공동체로 나아가라

혁신의 교회로 나아가면서 무엇보다도 교회가 목양적 공동체로서 뿌리를 확고히 내리게 되었다. 과거의 교회와 비교해 보면 수많은 교인의 의식 속에 목양적 리더십이 정착한 것이다. 지난날의 경직된 관료적인 구조 체제로부터 교인들이 서로 사랑하고 섬기고 돌보는 목양

적인 구조 체제로 바뀌었다. 무엇보다도 교인 간에 관계가 성숙해졌다. 아울러 상호 헌신과 책임감이 깊어졌다. 교회가 무엇인지에 대한 분명한 교회론이 교인들의 마음마다 새겨지기 시작했다. 그런 가운데 교회의 크고 작은 분쟁으로부터 자유해지며, 사랑과 치유와 헌신의 공동체로 변모하게 되었다.

오늘날 교회가 회복해야 할 가장 중요하며 시급한 모습 중 하나는 목양적 공동체로의 회복이다. 적지 않은 한국 교회와 이민 교회에 분쟁과 갈등이 만연하고 있다. 이러한 소모적이며 분열적인 상태가 지속되면서 교회가 원래의 목양 정신을 잃어버리고 정죄와 비난의 뒤틀린 모습으로 분열되고 있다. 교회는 한마디로 양을 치는 곳이다. 베드로전서 5장 2절의 "하나님의 양 무리를 치되"라는 말씀같이 교회의 핵심 가치는 목양 정신이 되어야 한다. 교회가 목양적 공동체로 나아갈 때 진정한 교회의 모습을 회복할 수 있다.

목양 리더십을 훈련하라

> 교회는 한마디로 양을 치는 곳이다. "하나님의 양 무리를 치되"라는 말씀같이 교회의 핵심 가치는 목양 정신이 되어야 한다.

목회자로부터 평신도 리더에 이르기까지 모든 사역자는 목양 정신이 충만해야 한다. 목양 정신이 충만한 리더는 자신을 드러내기보다는 자신의 인격과 존재를 통해 자연스럽게 영적 감화력이 흘러넘치는 섬김의 종들이다. 목양적 리더는 하나님 아버지의 마음을 가지고 사역한다. 아버지의 심정이 바로 목양 리더의 심정이 되어야 한다. 양 떼와 인격적인 교감을 가지고, 그들을 위해 중보하며, 그들의 의견을 경청하고, 스스로가 삶의 모범이 되어 양 떼를 이끌어야 한다. 목자가 한 마리 잃어버린 양을 찾아 산야를 헤 매듯이 목양적인 구령의 정신을 충만히해야 한다.

교회를 새 캠퍼스로 이전한 후 지난 8년 동안 교회의 모든 조직을 목양 중심으로 재편성했다. 행정적인 마인드로 운영되던 구역 조직은 사랑과 섬김의 셀 공동체로 변모했다. 셀 공동체를 섬기는 목자를 동 역장이라고 부르는데, 매년 수차례에 걸쳐 목양 리더십으로 치열하게 훈련시켰다. 또한 동역장의 사역을 준비하는 예비 동역장 훈련을 통해 교인들을 훈련시켜 나갔다. 목양적인 정신으로 무장된 수백 명의 리더 들이 배출되기 시작했다. 그러는 가운데 교회가 서서히 목양적인 공동 체로 변모하게 되었다. 정치적이며 행정적인 조직체에서 목양적인 공 동체로의 역동적인 변화가 찾아왔다.

교회가 목양적인 사역 구조를 이루지 못하고 규제, 율법적인 독선, 과잉 행정 등으로 가득할 때 그 교회는 서서히 생명력을 상실하게 된 다. 우리 교회도 한때는 행정과 지시와 제도에 이끌려 가는 교회였다. 갈등과 자리다툼과 서열이 난무했다. 지난 17년 동안 목양적인 공동체 로 변모시킬 때까지 때로 목숨을 거는 사투도 있었다. 그러나 교회가 점차적으로 목양적인 공동체로 변화하면서 교회 안팎에 새로운 변화 의 열매가 찾아왔다.

무엇보다 목양적인 정신을 가진 리더들이 교회 공조직의 장로와 집 사로 선출되었다. 그들은 교인들에게 존경을 받고 진정한 영향력을 드러내며, 목회자들과 좋은 동역의 정신을 발휘했다. 또 목회자의 고통과 고민을 이해했다. 그들은 한마디로 목양적 리더십을 가진 이들이다. 그러나 적지 않은 교회의 리더들이 이러한 목양적인 정신보다는 행정적인 마인드로 교회를 치리해 나간다. 목회자를 견제하는 것이 자신의 사명이라고 생각하며 행정적인 리더십을 행사하려고 든다. 그러기에 회의와 모임 때마다 긴장과 고성이 오고 가는 갈등의 모습이 교회에 만연하다.

아틀란타 연합장로교회가 목양적인 공동체로 바뀌면서 교회 내의 크고 작은 다툼과 불화가 많이 사라졌다. 교회의 모든 리더가 목양 정신으로 투철해질 때 교회는 주님이 가르쳐 주신 본연의 모습으로 회복될 수 있다. 교회의 리더를 뽑을 때도 목양 정신을 가진 사람들을 우선으로 선출했다. 그런 분들이 교회의 공적 리더가 될 때 목양적인 교회로 인도하고자 애쓰게 된다. 나아가서 목회자가 가지는 사역의 고민과 아픔에 대한 공감과 이해를 가지고 교회를 섬기게 된다.

목회자와 장로가 권위주의 리더십에 빠질 때, 교회는 분쟁과 논쟁으로 사역의 역량을 소모하게 된다. 또 교회가 권위주의적 구조로 나아갈 때 교회 내의 많은 차세대 리더들이 이러한 분위기에 편승하여 잘못된 리더십을 사회화하고 만다. 그러나 교회의 모든 리더가 목양의 리더십으로 겸손히 교인과 교회를 섬길 때, 그 교회는 주님이 말씀하신 "내 양을 치라"는 목양의 정신을 계승하는 교회가 된다.

목양적인 리더십을 추구하는 리더들 가운데 많은 이들이 신학교에 입학하여 목회자의 길을 걷기도 한다. 또 선교사로서 하나님 나라를 풀타임으로 섬기는 분도 있다. 지금도 많은 분들이 신학교를 다니며 미래의 목회를 꿈꾸고 있다. 이는 모두 목양적인 공동체로 나아갈 때 하나님이 주신 열매다.

 목양적 공동체로의 회복

❶ 관료적인 구조 체제에서 벗어나라. 교인들이 서로 사랑하고 섬기고 돌보는 목양적인 구조 체제로 바뀌어야 한다.

❷ 모든 사역자는 목양 리더십을 키워야 한다. 자신을 드러내기보다는 자신의 인격과 존재를 통해 자연스럽게 영적 감화력이 흘러 넘쳐야 한다.

❸ 목양 정신을 가진 리더는 목회자가 가지는 사역의 고민과 아픔을 이해하고 교회를 섬겨야 한다.

::

은사의 세계는 광대하다.
모든 성도는 이러한 은사가
주어졌음을 믿어야 한다. 그리고
이 은사를 발견하여
사역의 현장으로 나가야 한다.

chapter 02

사역의
공동체로 **거듭나라**

새로운 부흥의 물결로 교회를 혁신하라

●

우리에게 찾아오는 제2의 영적 모험이 있다. 어느 날 나의
은사와 소명을 발견하고, 하나님이 나를 부르고
계신다는 것을 깨닫는다. 도저히 멈출 수 없는,
약동하는 생명의 힘이 우리를 하나님 나라의 사역으로 초청하는 것이다.

제2의 영적 모험으로 들어가라

혁신적인 교회로 나아가면서 많은 교인들이 팀 사역을 통해 자신의
사역의 자리를 찾아 나갔다. 예전에는 장로 부부, 안수집사 등 소수의
제직들만이 헌신해 왔다. 일방적인 하향 중심의 의사 전달과 수직적
사역 질서에 대한 교인들의 무관심과 반발 때문이었다. 그러나 이제는

아틀란타 연합장로교회 교인들의 70%가 사역에 동참하고 있다. 그들 모두에게 구체적인 사역이 배정되었다.

우리에게 찾아오는 제2의 영적 모험이 있다. 어느 날 나의 은사와 소명을 발견하고, 하나님이 나를 부르고 계신다는 것을 깨닫는다. 그리고 알 수 없는 어떤 힘에 이끌려 그 소명의 자리로 나아가게 된다. 도저히 멈출 수 없는, 약동하는 생명의 힘이 우리를 하나님 나라의 사역으로 초청하는 것이다.

그 사역의 부르심은 작은 일로 시작된다. 교회에서 주보를 접고 나눠 주는 일, 예배 시간에 헌금주머니를 들고 봉사하는 일, 교회 도서관에서 책을 정리하는 일, 집 없는 사람들을 위해 샌드위치를 싸고 나눠 주는 일, 주일학교에서 자원봉사자로 헌신하며 애들 코를 닦아 주는 일 등의 작은 사역으로부터 섬김이 시작된다. 그런데 그 작은 섬김과 헌신의 사역이 우리의 마음에 진한 감동을 주기 시작한다. 그러한 사역을 하면서 섬김의 기쁨을 느끼게 된다. 남을 위해서 살고, 하나님 나라를 세워 간다는 것에 대한 작은 기쁨이 파문처럼 마음에 일게 된다.

교인들의 은사를 발견하라

매년 아틀란타 연합장로교회는 사역박람회를 수차례 개최한다. 우리 교회에 필요한 모든 사역의 매뉴얼을 보여 주고 교인들로 하여금 사역에 도전하게 하는 시간이다. 사역에 헌신하는 교인들에게는 작은 머그잔을 선물로 주는 유인책도 팀 사역위원회에서 시도했다. 그분들에게는 공짜 점심 티켓도 제공했다. 음료수 봉사자, 토요일 아침 청소 팀, 파워포인트 영상자료 관리 팀, 보디 워십 팀, 재정실 계수 팀, 독거 노인을 돕는 봉사 도우미, 해비타트 팀, 패밀리센터 의료인 팀 등 수십 개의 팀을 소개했다.

몇 년째 사역박람회를 하면서 교인들에게 팀 사역이라는 단어가 점차 친숙해졌다. 이로 인해 자원봉사자가 늘어나고 있다. 교회란 원래 축복과 유통의 공동체. 하나님이 내게 주신 축복을 누리고 베풀면서 그 축복이 유통되는 공동체라는 뜻이다. 교회는 다양한 은사와 재능을 가진 다양한 사람들의 모임이다. 하나님은 우리를 복제 인간으로 만들지 않으셨다. 다양한 은사, 기질, 성품, 능력이 모인 풍성한 헌신으로 하나님 나라를 세워 나가는 사역이 자원봉사의 차원에서 이뤄진다면 교회는 얼마나 강력한 잠재력을 가지게 될 것인가? 상상만 해도 즐겁다.

교인들이 각자의 은사로 섬기고 헌신할 때 그들의 믿음은 부쩍 자란다. 비로소 하나님의 깊은 은혜를 경험한다. 또 교회를 향한 애착과 주인 의식이 생겨난다. 한 교회의 강력한 힘은 건물의 크기나 성도의 숫자에 달려 있지 않다. 성도 한 사람 한 사람이 교회를 향해 진정한 주인 의식을 가지고 섬기는것에 달려 있다. 각자가 하나님 나라에 부르심을 받은 사역의 주인이라는 의식을 가지고 섬길 때 교회는 엄청난 가능성을 지니게 된다.

예전에는 은사 사역의 중요성을 어렴풋이 깨달았다. 그러나 목회를 하면서 교인들이 은사에 따라 사역하는 것이 얼마나

사역의 부르심은 작은 일로 시작된다. 작은 섬김과 헌신이 우리의 마음에 감동을 주고, 기쁨을 느끼게 한다.

중요한 일인가를 비로소 깨달았다. 바울은 로마서와 고린도전서를 통해 그리스도의 몸 된 교회와 인간의 몸이 얼마나 유사하게 작용하는가를 강조하고 있다. 손, 귀, 다리, 팔 등이 각각 고유의 기능을 하며 몸을 유지해 나가듯이 그리스도인 각자도 다양한 은사를 통해 서로가 서로에게 연결되어 있다. 서로에게 소중한 존재가 되는 것이다.

그레이스 커뮤니티 교회에서 존 맥아더 목사는 "성령의 은사를 이해하지 못하면 교회의 본래 모습을 가질 수 없다"라고 강조했다. 성령님은 그분의 뜻 가운데 성도에게 영적 은사를 나눠 주셨다. 그 은사를 가진 성도가 서로 긴밀하게 협조하고 팀 사역을 하는 가운데 그리스도의 몸 된 교회를 세워 나간다. 성령의 은사는 한마디로 하나님의 은혜에 따라 교회를 세워 나가라고 주신 특별한 은혜다. 이 은사는 거듭날 때 신비하게 주어진다. 물론 천성적인 재능과 일치하기도 하지만 그렇지 않은 경우도 많다.

신약 성경에 나타난 성령의 은사만 해도 26개나 된다. 예언으로부터 섬김, 가르침, 권면, 구제, 긍휼, 지식, 지혜, 믿음에 이르기까지 광대한 은사 세계가 나타난다. 모든 교인은 이러한 은사가 주어졌음을 믿어야 한다. 그리고 이 은사를 발견하여 사역의 현장으로 나아가야 한다. 성령의 은사 사역과 교회의 부흥, 성장에는 강력한 상관관계가 있다.

나는 목회 후반에 들면서 지금까지 발견하지 못한 은사를 깨달았다. 말씀과 성경 연구가 은사인 줄 알았는데, 그보다 지도자와 목회자 훈련, 선교의 은사가 내 은

> 성령의 은사는 하나님의 은혜에 따라 교회를 세워 나가라고 주신 특별한 은혜다.

사라는 것을 알았다. 그 은사를 활용하는 가운데 또 다른 다중적인 은사가 내게 나타나는 것을 보면서 하나님을 찬양했다.

 각자의 은사로 섬기는 공동체

❶ 나의 은사와 소명을 발견하는 사역의 여정으로 교인들을 초대하라.
❷ 작은 사역으로부터 섬김이 시작된다. 이 작은 사역이 모여 하나님 나라를 세워 나간다.
❸ 모든 성도가 주인 의식을 가지고 섬길 때 부흥이 찾아온다.

::

그리스도가 다스리시지 않는다면
그분의 진정한 공동체가 될 수 없다.
그리스도의 몸으로 살아간다는 것은
우리 안에 거하시는 그리스도의
충만함을 경험하는 것이다.

새로운 부흥의 물결로 교회를 혁신하라

그리스도의 영을
넘치게 **경험하라**

●

교회는 그리스도의 몸 된
공동체로서의 본질을 회복해야 한다. 성령으로 하나 되며,
그리스도의 권능을 체험하는 사랑과 돌봄의 공동체가 되어야 한다.
그리스도와 교회는 하나이기 때문이다.

공동체의 본질을 회복하라

아틀란타 연합장로교회를 혁신해 가는 네 가장 기도하며 관심을 쏟
았던 부분은 진정한 그리스도의 몸 된 공동체로서의 본질을 회복하는
일이었다. 그리스도의 몸이란 "성령으로 하나 되며, 공동체 안에 거하
는 그리스도의 존재를 깨닫고, 그분의 권능을 체험하는 사랑과 돌봄의

공동체"다.

오늘날 서구 교회의 문제는, 성경 지식을 나누거나 신학적인 지식을 자랑하며 지적인 만족감을 경험하기 위해 모인다는 것이다. 그들은 그들 안에 계시는 그리스도의 존재와 권능을 체험하지 못한다. 하나님이 주시는 초자연적인 치유와 은혜의 역사도 받아들이지 않는다.

프로그램 중심의 전통 교회는 생명 구원이나 치유에는 별로 관심이 없다. 사람들의 깊은 내면이나 갈증에 무관심하다. 회사를 운영하는 식으로 교회를 운영해 나간다. 조직과 사람이 우선순위가 되며, 생명의 창출이나 영적 재생산에는 관심이 없는 경우가 얼마나 많은지 모른다. 또 지나친 주지주의적 성경 공부나 제자 훈련으로 인해 진정한 공동체가 형성되지 못하고 있다.

교회가 진정한 그리스도의 공동체가 되는 것은 그 안에 그리스도가 거하시기 때문이다. 그리스도가 다스리시지 않는다면 그분의 진정한 공동체가 될 수 없다. 그리스도와 공동체는 하나이기 때문이다. 공동체가 그리스도의 영과 결합되어 있지 않다면 헛된 것이 되고 만다.

아틀란타 연합장로교회는 공동체적인 생명력을 창출하는 데 최선을 다해 왔다. 현재 132개의 셀은 진정한 그리스도의 몸을 세워 나가는 공동체가 되어 가고 있다. 그리스도의 몸으로 살아간다는 것은 우리 안에 거하시는 그리스도의 충만함을 경험하는 것이다. 이로 인해 사람들을 진정한 사랑의 공동체로 이끌어 가도록 관계를 맺는 것이다.

> 그리스도와 공동체는 하나다. 공동체가 그리스도의 영과 결합되어 있지 않다면 헛된 것이 되고 만다.

아틀란타 연합장로교회에는 어머니 기도회(어기모)이라는 아름다운 사랑의 공동체가 있다. 매주 금요일 아침에 100명이 넘는 어머니들이 모여 말씀과 기도로 진정한 그리스도의 공동체를 만들어 가고 있다. 한 여성이 기도와 말씀으로 회복되는 것을 비전으로 하고 있다. 동시에 각 가정의 남편을 제사장으로 세우고, 자녀들을 믿음으로 양육하여 믿음의 가문을 이루려고 몸부림치고 있다. 이 기도 모임에는 하나님의 말씀과 예수님의 보혈을 통한 사랑의 교감, 눈물로 기도하는 어머니들의 치유와 회복이 있다. 그리고 성령의 임재와 기름 부으심이 물 댄 동산같이 넘치는 공동체가 되어 가고 있다.

 그리스도와 하나 된 공동체

❶ 그리스도의 몸된 공동체란 예수 그리스도의 권능을 체험하는 사랑과 돌봄의 공동체다.
❷ 교회는 사람들을 그리스도의 사랑으로 충만한 공동체로 이끌어야 한다.
❸ 그리스도의 몸된 공동체에는 성령의 임재와 기름 부으심이 물 댄 동산같이 차고 넘친다.

::
혁신적인 교회는 생각의 패러다임을
바꾸고 자원의 줄기를 바꾼다.
선교 지향적인 교회가 되어
하나님의 복을 누리고,
하나님의 사랑을 땅끝까지 전한다.

chapter 04

새로운 부흥의 물결로 교회를 혁신하라

선교를 통해
하나님의 복을 누리라

●

교회는 크든지 작든지 선교 지향적인 교회가 되어야 한다.
선교는 하나님의 가장 중대한 관심사다.
하나님은 그리스도를 이 땅에 선교사로 보내시어 하나님의
사랑을 온몸으로 보이셨다. 그러므로 지상의 모든 교회는 하나님의
그 사랑을 본받아 선교 지향적인 교회가 되어야 한다.

우리에게는 선교의 과업이 있다

아틀란타 연합장로교회가 새로운 혁신의 공동체가 되면서 자연스
럽게 나타난 현상은 선교적 공동체로 나아가게 된 것이다. 선교 지향
적인 교회가 되어 가면서 누린 복이 적지 않다. 교회는 크든지 작든지
선교 지향적인 교회가 되어야 한다. 선교는 하나님의 가장 중대한 관

심사다. 하나님은 그리스도를 이 땅에 선교사로 보내시어 하나님의 사랑을 온몸으로 보이셨다. 그러므로 지상의 모든 교회는 하나님의 그 사랑을 본받아 선교 지향적인 교회가 되어야 한다.

예수님은 이 땅에 오셔서 선교 지향적인 삶을 사셨다. 제자들을 훈련시키고 양육하셔서 그들로 하여금 복음을 들고 땅끝까지 나아가게 하셨다. 그리고 교회를 세우고 성령을 보내 주실 것을 약속하셨다. 이 땅을 떠나시면서 복음 전파라는 선교의 지상 대명령을 제자들에게 위임하셨다. 제자들은 성령 가운데 예수님의 선교 지향적인 삶을 실천했다. 환난과 핍박 가운데 흩어진 자들이 되어 복음을 확산시킨 현장 선교사들이 되었다. 이 땅의 교회는 예수님이 파송하신 선교 지향적인 교회다. 예수님은 그 모든 선교의 과업을 교회에 위임하셨고, 오늘날 모든 교회가 선교 지향적인 교회로 나아가기를 원하신다.

나는 목회를 해 오면서 선교의 중요성을 뒤늦게 깨달았다. 선교가 주는 엄청난 비전의 중력과 역동성을 서서히 자각하게 되었다. "왜 선교를 보다 역동적으로 하지 않았을까" 하는 자괴감이 들 정도였다. 지금도 선교의 축복을 나누는 선교 운동을 계속하고 있다.

선교 지향적인 교회가 될 때 교회 내의 갈등과 싸움이 선교라는 거대한 물줄기에 흡수되므로 교회의 영적 건강을 회복하게 된다. 특히 이민 교회는 갈등과 분쟁을 경험하지 않는 교회가 거의 없다. 그러나 선교할 때 교회의 거룩한 비전과 합일점이 생겨난다. 교회 자원의 에너지를 선교에 집중하므로 교회에 영적 건강이 찾아온다.

또한 선교 지향적인 교회가 될 때 성령의 능력이 넘쳐 난다. 성령은 선교의 주체적인 원동력이시다. 선교 현장은 온갖 영적 전쟁이 발생하며 기도와 능력이 간절히 요구되는 곳이다. 선교의 현장에는 성령이 반드시 함께하신다. 기적과 초자연적인 역사가 나타나는 것을 체험하며 하나님의 초월적인 능력에 대한 감격을 누리게 된다.

선교의 정신은 교회다

교회가 자체 선교사를 파송하며 선교 지향적으로 될 때, 비로소 기도의 능력이 드러난다. 기도는 선교 사역의 핵심 정신이다. 세상을 하나님 나라로 변화시키는 데 기도만큼 중요한 것은 없다. 선교 지향적인 교회가 될 때 교회에 중보 기도가 활성화된다. 선교사를 위해 간절히 기도하게 된다. 선교사가 그 교회 출신의 장로나 교역자인 경우 얼마나 뜨거운 기도가 분출되는지 모른다. 선교 현장의 선교사들은 중보 기도의 원격 지원으로 하나님의 능력을 체험하게 된다.

선교하면서 먼저 우리는 재정에 대한 걱정을 한다. 재정이 뒷받침될까 염려하게 된다. 그러나 그것은 잘못된 우선순위다. 더 중요한 질문은 "우리가 충분히 기도하고 있는가?"라는 것이다. 기도할 때 하나님이 선교의 길을 열어 주신다.

선교 지향적인 교회가 될 때 교인들은 세상적인 가치관을 내려놓고 하나님 나라 중심의 새로운 가치관으로 재무장하게 된다. 우리 교회에는 선교로 인해 변화된 사람들이 너무나 많다. 장기 선교든 단기 선

가장 먼저 해야할 질문은 "우리가 충분히 기도하고 있는가?" 이다. 기도할 때 하나님이 선교의 길을 열어 주신다.

교든 선교지를 다녀오면서 신실한 하나님의 사람으로 변화되는 것을 목격하게 된다.

이규종 선교사는 원래 선교에 대해 별로 관심도 없고 무지했다. 교회 당 회원으로 섬기면서도 믿음의 열정이 그리 많지 않았다. 그러나 어느 날 나를 따라 아프리카 케냐를 방문하면서 하나님의 은혜를 체험했다. 그 후 13년 동안 케냐를 다니면서 개발 선교의 전문가가 되었다. 선교지에서 자신의 은사를 발견하고 선교지 개발을 위해 자신의 일생을 드리기로 결단했다. 포콧 부족이라는 미전도 종족이 있는 곳에서 시작한 개발 사역은 이제는 그 부족 전체에 충격을 줄 정도로 혁신적인 발전으로 열매 맺고 있다.

소아과 전문의인 이무희 집사는 믿음의 열정이 별로 없고, 교회를 형식적으로 다니던 분이었다. 부인 되시는 이정원 집사도 한때 우울증에 빠져 고통을 당하기도 했다. 그런데 그런 분들이 나와 같이 선교를 다니면서 놀라운 하나님의 은혜를 경험했다. 그 마음에 성령의 은혜를 경험하게 된 것이다. 이제는 일 년에 서너 차례 정도 병원 문을 닫고 선교지에 사역을 다니는 전문 의료 선교사가 되었다. 아틀란타 연합장로교회에 속한 모든 의료인을 동원하여 선교지에 배치하는 사역도 하고 있다. 하나님의 은혜가 아닐 수 없다.

청소년들도 선교지를 다녀오면서 행위와 삶에 패러다임의 전환이 오는 것을 보게 된다. 마약에 빠져 있던 아이가 회개하고 하나님의 자녀로 변화했다. 그들은 교회의 영적 리더가 되었고, 부모의 헌신과 사랑에 진심으로 감격했다. 새로운 가치관으로 거듭난 것이다.

나와 함께 초창기에 멕시코로 단기 선교를 다니며 선교의 은혜에 눈을 뜬 청소년들이 이제는 성인이 되어 장기선교사로 자신의 인생을 헌신하고 있다. 아틀란타 연합장로교회에는 2세들 네 가정이 이슬람 국가와 아시아 국가에 장기선교사로 파송되어 나갔다. 그들을 선교사로 파송할 때, 얼마나 감격의 눈물을 흘렸는지 모른다. 그들은 우리 교회의 선교의 열매였기 때문이다.

선교 지향적인 교회가 될 때 교회는 청지기의 복을 누린다. 선교의 영이 임하면 지갑은 열리게 되어 있다. 하나님의 사역에 감동한 사람들이 재정적인 헌신을 하는 것을 보게 되었다. 아틀란타 연합장로교회가 선교하는 교회가 되면서 선교 사역을 위해 적지 않은 분들이 분에 넘치는 헌신을 하셨다. 수십 개의 교회와 교육 선교를 감당하게 된 것도 교인들의 재정적인 헌신이 뒷받침되었기 때문이다. 교회가 섬기고 나누는 것을 배우고 학습하면서 하나님 나라와 의의를 먼저 구하는 교인들의 헌신이 그치지 않는다. 은행에 꽁꽁 숨겨 놓았던 비자금(?)을 털어 선교지에 교회를 세우는 일에 드리는 과감한 청지기의 헌신이 자주 일어나고 있다.

선교적인 교회가 되면서 하나님이 주신 축복 중 하나는 새로운 성전을 짓게 된 것이다. 아틀란타 연합장로교회는 이민 교회사에 획을 그을 만큼 기념비적인 둘루스 성전을 세웠다. 3만 5,000평의 대지에 아름다운 전원 교회를 지었다. 미국에서도 손꼽을 만한 아름답고 웅장하며 초현대적인 성전을 봉헌하게 되었다. 이는 선교적인 교회로 나아갈 때 하나님이 주신 은혜라고 확신하고

돈을 움켜쥐고자 하는 세속적인 마음을 깨뜨려 주시는 분은 하나님밖에 없다.

있다. 이 새로운 캠퍼스가 지구촌 선교의 교두보가 되어 선교훈련 센터로 사용되는 것을 보면서 하나님께 영광 돌리고 있다.

기도할 때 하나님은 선교적인 재정도 마련해 주신다. 돈을 움켜쥐고자 하는 세속적인 마음을 깨뜨려 주시는 분은 하나님밖에 없다. 교회가 쉬지 않고 기도할 때 하나님은 교인들과 알지 못하는 사람들의 마음을 열어 수많은 선교 사역에 재정을 공급하게 하실 것이다. 기도는 필요한 재정을 구하게 할 뿐 아니라 사역과 재정을 효과적으로 만들어 간다.

선교 지향적인 교회는 생각의 패러다임을 바꾸고 자원의 줄기를 바꾸는 혁신적인 교회다. 이 땅의 모든 교회가 선교 지향적인 교회가 되어 하나님의 복을 누리고, 하나님의 사랑을 땅끝까지 전하기를 기도한다.

 기도로 열리는 선교의 길

❶ 기도하면 하나님이 선교의 길을 열어 주신다.
❷ 기도하면 재정도 채워 주신다.
❸ 우리가 기도할 때, 하나님은 우리의 세속적인 가치관을 깨뜨리신다.

교회가 섬기고 나누는 것을
배우고 학습하면
하나님 나라와 의의를
먼저 구하는 교인들의 헌신이
그치지 않는다.

선교의 부흥으로
나아간 이야기

김세종 집사

저는 2월 13일부터 17일까지 니카라과로 단기 선교를 다녀왔습니다. 제 일생에서 처음 나간 선교 사역이었습니다.

중앙아메리카에 위치한 니카라과는 중남미를 통틀어 온두라스 다음으로 가난한 나라입니다. 수도는 마나과로 애틀랜타에서 비행기로 3시간 40분 정도의 거리에 위치해 있습니다. 화산과 호수가 유명한 아름다운 나라지만 오랜 독재 정치와 좌파와 우파 간의 내전으로 정치, 사회적으로 불안정한 상태입니다. 저희가 도착한 마나과공항은 국제공항임에도 불구하고 시설이나 입국 절차 등이 허술했습니다. 약이 담긴 가방 때문에 세관 절차를 받을 뻔했는데 재치로, 성령님의 도움과 통역을 맡으신 박다니엘 목사님의 압류 없이 입국 절차를 마칠 수가 있었습니다.

선교 센터가 있는 티피타파는 마나과에서 차로 30분 정도 떨어져 있는 위성 도시 같은 곳입니다. 말이 도시지 거리는 한국의 1970년대의 농촌을 연상시켰습니다, 블록 벽에 양철로 지붕을 올린 집들은 쇠창살로 창문을 막아 놓았고, 흙바닥에 별도의 하수도 시설 없이 수동식 펌프를 쓰는 집이 많았습니다. 그 와중에 일행 중 한 분이 "그래도 여기에 이렇게 잘 지어진 곳이 있네"라고 말한 곳이 바로 티피타파의 선교 센터였습니다.

입구와 중앙로는 아름다운 보도블록으로 잘 포장되어 있고, 커다란 철제 정문을 지나면 정면에 1,000명 이상을 수용할 수 있는 크고 아름다운 선교 센터가 자리 잡고 있으며, 우측으로는 유치원과 초등학교가 있는데, 모든 건물은 열에 강한 자재로 만든 지붕과 수세식 화장실을 구비하고 있었습니다. 길거리의 아이들과는 달리 선교 센터의 아이들은 곱게 빗어 단장한 머리와 정갈한 교복을 입고, 감히 세상에서 가장 아름답다고 얘기할 수 있는 맑은 눈망울과 미소로 저희를 반겨 주었습니다. 이미 선교 센터에는 니카라과 각지에서 온 500명이 넘는 현지인 목회자들과 가족이 모여 있었습니다. 그중에는 12시간 넘는 거리를 차가 세 번이나 고장 나는 와중에도 참석하신 분이 있었습니다.

센터 뒤에는 수백 명이 같이 식사할 수 있는 식당과 스프링클러가 갖춰진 농장을 둘러보면서 이향자, 이창희 선교사님의 땀과 기도의 결실이 느껴져 마음이 뭉클해졌습니다. 개인적으로 이창희 선교사님을 통해 선교 센터의 발전 과정을 들을 수 있었는데 그 또한 감동의 간증이었습니다.

2003년에 선교지로 부임한 이향자 선교사님은 3년 동안 본인이 생활비를 직접 감당하며 선교비를 한 푼도 안 쓰고 모으셨답니다. 그 자금으로 2006년에 50에이커가 넘는, 선교 센터를 위한 부지를 구입할 수 있었습니다. 2008년에는 선교 센터 건물의 완공과 더불어 매년 새로운 건물과 기관이 생겨나는 기적의 역사를 경험할 수 있었습니다. 2009년에 수백 명이 함께 친교를 나눌 수 있는 식당이 완공되었습니다. 2011년에 유치원과 초등학교를 세운 뒤, 2012년에 고등학교 설립을 위한 첫 삽을 들 수 있었습니다.

지금 두 선교사님은 기술대학교 설립을 위한 준비 과정에 있습니다. 이 모든 과정이 사람의 힘으로는 이룰 수 없는, 성령의 힘으로 역사하는 선교지에서의 기적으로 다가왔고, 커다란 감동이 느껴졌습니다.

니카라과에서의 4박 5일은 성령님이 함께하심을 느낄 수 있는 귀한 시간이었습니다. 특히 의료 사역 중 치료를 마치고 김순영 장로님이 환자들마다 안수를 하시고, 저는 손이나 아픈 곳을 잡고 치유를 위해 기도하는 시간을 가졌습니다. 많은 이들이 몸에 경련을 일으키고 방언을 하며 마음의 치유를 함께 이루는 성령의 임재를 경험할 수 있었습니다.

또한 목회자 세미나의 마지막 밤 집회 때, 정인수 목사님의 설교와 기도를 통해 많은 목회자들과 가족들이 방언을 하며 회개했습니다. 성령의 역사하심을 뜨겁게 체험할 수 있었습니다. 저 역시도 회개와 감사의 눈물을 멈출 수가 없었습니다. 선교지에서 느끼는 성령님은 더욱더 뜨거운 감동을 저에게 선사해 주셨습니다.

마지막 날에는 마사야라는 화산을 방문했습니다. 두 개의 분화구가 연결된 특이한 형태의 활화산인데 그 정상에는 커다란 나무로 만들어진 십자가가 세워져 있었습니다. 그 옛날 원주민들이 자신들이 섬기던 화산의 신을 달래기 위해 순결하고 아름다운 처녀를 산 제물로 바치는 제사를 지냈는데, 그곳에 오신 선교사님들이 십자가를 세운 후에 그 악습이 사라졌다고 합니다. 아직도 유황 연기가 뿜어져 나오는, 언제 터질지 모르는 황량한 분화구 꼭대기에 서 있는 십자가를 바라보면서 시대와 장소를 막론하고 죄 많은 우리를 대신하여 자신을 번제물로 바치시며, 죄악의 용암 불구덩이를 온몸으로 막아 내고 계시는 십자가의 주님을 만날 수 있었습니다.

어느 분이 저에게 이번 여행에서 무엇이 가장 인상적이었는지 물으셨습니다. 저는 모든 어려운 시간을 인내와 사랑으로 감당하며, 열정적으로 헌신하시는 두 분의 선교사님들에게서 커다란 감동을 받았습니다. 디스크로 인해 아픈 허리를 벨트로 동여매고 저희 선교 팀이 일정을 무사히 마칠 수 있도록 함께해 주신 이창희 선교사님은 선교 일정 내내 감사와 행복의 말을 멈추지 않으셨습니다. "저 행복해요. 너무 행복해요. 정말 감사하고 행복합니다." 꾸미지 않은 그분의 모습과 헌신 속에서 진정한 행복을 느낄 수 있었고, 앞으로 니카라과에서의 기적의 선교 역사를 기대할 수 있었습니다.

아픈 사람을 치료하기 위해 그곳에 갔습니다. 하지만 찢겨 있던 저의 마음이 치유를 받았습니다. 가난한 사람들에게 베풀기 위해 갔지만 궁핍했던 저의 영혼이 더 풍성해졌습니다.

이제 부활절을 맞이하여 다시 한번 마사야 화산의 십자가를 떠올려 봅니다. 2,000년 전 인간의 죄를 대속하기 위해 고난과 죽음을 당하시며 매달렸던 십자가, 그 십자가가 생명의 십자가가 되어 마사야 화산의 원주민을 구원했고, 이제 우리 죄의 사슬을 끊게 해 준 생명의 십자가로 우리에게 와 있습니다. 십자가는 주님의 부르심입니다.

저는 부름심을 거절하지 못해 동행했는데, 주님은 제 인생에서 가장 감동적인 여행으로 보답해 주셨습니다. 생명과 은혜의 십자가를 통해 부활하신 주님이 저의 삶을 주관하시고, 성령의 은혜를 체험하게 함으로써 당신을 경외하고 순종하게 하셨습니다. 이제 당신의 십자가를 나눠 지고 부활의 십자가의 영광에 동참하고자 합니다. 부활하신 주님께 감사와 영광을 드립니다.

Part 2
새로운 부흥은
이렇게 시작된다

수많은 사람들이 기독교 신앙에서 멀어지고 교회를 떠나고 있다.
그러나 이러한 위기의 때야말로 하나님의 음성을
들어야 할 때다. 기도하는 가운데 깨달은 것은,
하나님은 오늘날 우리를 진리와 능력을 병존한 교회로
새롭게 부르고 계신다는 사실이다.

•• 제3의 부흥의 물결이
밀려온다

　새로운 부흥의 물결이 밀려오고 있다. 그것은 남반구를 중심으로 불어오는 제3의 부흥의 물결이다. 몇 달 전, 우리 교회는 라틴계 목회자와 선교사들과 함께 '4/14 윈도우 선교대회'를 하면서 충격을 받았다. 27개국의 중남미 교계 대표들이 모인 어린이 선교 콘퍼런스에서 그들이 보여 준 복음의 열정과 선교의 진지함은 상상을 초월한 것이었다. 특히 어린이 선교에 대한 그들의 깊은 연구와 전략은 북미 교회의 수준을 뛰어넘는 것이었다. 라틴계의 기독교 지도자들에게는 차세대 어린이를 구원하고 그들에게 복음을 전해야 한다는 영적 긴급함과 헌신의 마음이 있었다. 그것은 내일을 향한 담대한 비전이 되고 있다. 그들의 모습을 보면서 이제 기독교의 새로운 축이 남반구로 이동하고 있다는 기독교 학자들의 가설이 사실로 입증되고 있음을 깨달았다.

　20세기 초까지 기독교인의 숫자와 영향력은 주로 북반구의 백인 국가, 즉 유럽과 북미에 의해 압도적으로 행사되어 왔다. 그러나 지난 세기 동안 기독교인의 중심은 남반구 쪽으로 이동해 왔다. 아프리카, 아시아, 라틴 아메리카로 새로운 기독교의 물결이 밀려오고 있다. 이번에 참석한 중남미 선교 전문가로부터 들은 바로는, 브라질에만 약 4,000만 명

의 오순절 계통의 교인이 발흥하고 있다고 하니 경이로움 그 자체였다.

과거에 영화와 부흥을 자랑하던 유럽의 기독교는 이제 문화적인 종교로 전락해 버리고, 이슬람교가 그 빈 공간에 밀물처럼 밀려오고 있다. 기독교는 퇴화한 박물관의 공룡이 되어 버리고 있다. 북미 역시 주류 교단들이 점차로 쇠퇴하고 있으며 문을 닫는 교회가 급속히 늘어가고 있다. 그러나 남반구에는 기독교의 놀라운 성장이 가속화되고 있다. 교회의 부흥 열기 또한 거대한 흐름을 이루고 있다.

오순절 계통과 복음주의 교회의 부흥으로 이제 기독교의 무게 중심은 서양으로부터 멀어지고 있다. 남반구에 일어나는 기독교의 새로운 물결은 기독교의 전통적인 지형을 변화시키고 있다. 앞으로 세계 기독교의 지도는 획기적으로 바뀔 것이다. 1900년경에는 기독교의 70%가 유럽에 있었다. 그러나 지금 기독교는 전 세계에 균일하게 분포되고 있다. 앞으로 남반구가 대세를 이룰 것이며, 기독교인의 70%가 남반구에 분포하게 될 조짐을 보이고 있다.

남반구에서 일어나는 교회의 부흥은 전혀 다른 형태의 부흥이며, 새로운 포도 부대에 담긴 새로운 변혁의 역사다. 남반구 기독교는 사회적 이슈에 대해 훨씬 더 복음적인 입장을 취하고 있다. 초자연적인 하나님의 역사를 신뢰하고, 성령의 역사를 인정하고, 그 은사의 활용에 적극적이다. 개인의 영혼 구원에도 열정적이어서 선교와 전도에 열심을 보이고 있다. 이러한 모습이 교회에 새로운 부흥을 일으키고 있다.

반면 북반구의 기독교는 진보주의적인 입장과 세속주의의 관점으로 나아가고 있다. 그러다 보니 선교와 전도가 우선순위에서 저만치 멀어지고 있다. 하나님의 초자연적인 역사에 대해 마음을 닫아 놓고 있다. 교단마다 동성애 등의 문제로 점점 그 활력을 상실하고 있다.

이번에 라틴계 목회자와 선교사들과 같이 사역하면서 느낀 것은, 한인 교회가 이들의 영성과 잘 어울린다는 것이었다. 그들 역시 우리를 편하게 대하고 있다는 흥미로운 사실을 깨닫게 되었다. 미국의 한인 교회와 한국 교회가 남반구 교회와 연대해서 부흥과 선교의 돌파구를 만들어 갈 수 있으리라 확신한다. 남반구 교회의 활력이 기독교 교계에 새로운 이정표를 그릴 것이라는 믿음을 갖게 된다.

오늘날 유럽 교회가 보이는 난조와 북미의 주류 교회의 세속화 현상으로 인해 북반구 기독교의 앞날은 암울한 전조를 보이고 있다. "하나님은 새로운 역사를 남반구의 교회에 써 내려가시는 게 아닌가?"라는 각성이 일어나고 있다.

하나님은 예루살렘교회가 정체되고 매너리즘에 빠져 있을 때 안디옥 교회를 택하셔서 선교의 새로운 돌파구를 이뤄 가셨다. 마찬가지로 북미와 유럽의 교회에서 복음의 역동성이 사라지고 있는 지금, 하나님은 남반구의 교회를 통해 하나님 나라의 새로운 부흥의 물꼬를 터 가신다는 확신이 든다.

수많은 사람들이 기독교 신앙에서 멀어지고 교회를 떠나고 있다. 그러나 이러한 위기의 때야말로 하나님의 음성을 들어야 할 때다. 이 시점에서 하나님은 우리 교회에 무슨 음성을 들려주고 계실까? 기도하는 가운데 깨달은 것은, 하나님은 오늘날 우리를 진리와 능력을 병존한 교회로 새롭게 부르고 계신다는 사실이다.

오늘날 교회가 말씀과 능력의 양날을 가지고 사역한다면 새로운 부흥의 물결이 밀려오리라 확신한다. 말씀을 가지고 진리를 분별할 수 있는 복음주의 사역과 성령의 임재와 능력을 구하는 은사주의가 함께 조화를 이루며 목회하는 제3의 부흥의 물결이 오게 하자. 나는 이민 목회를 하면서 어느 날부터인가 하나님이 복음주의와 은사주의의 상점을 조화시키신 새로운 목회를 하고 있다. 즉, 말씀에 뿌리를 내리고 성령의 역동성 안에서 살아가는 교회를 세워 나가고 있다. 말씀과 성령, 로고스와 루아흐의 역사가 병존하는 목회가 필요하다.

::
말씀이 없으면 구원은 존재하지 못한다.
아울러 하나님의 말씀이 있는 곳에
성령의 충만함이 임한다.
성령과 말씀이 같이 임재하는 곳에
하나님이 역사하신다.

chapter 05

새로운 부흥의 물결로 교회를 혁신하라

말씀과 성령의 **조화를 이루라**

●

부흥하는 교회는 말씀과 성령, 구조와
자발성의 창조적인 균형을 통해 하나님의 능력의
임재를 체험한다. 하나님은 옛 구조를 깨뜨리고
새로운 구조를 만들어 가신다.

지적인 신앙만으로는 부족하다

교회가 부흥하기 위해 무엇보다 중요한 것은 교회의 영적인 요소를
새롭게 하는 일이다. 미래학자들이 인간의 내일을 위한 가장 큰 희망
으로 이야기하는 것은 인간의 영적 세계에서 일어나는 일이다. 이보다
더 강조하는 것은 없다. 인류의 희망은 궁극적으로 영적이며 도덕적인

부흥에 달려 있다. 부흥은 "생명을 회복한다", "생기를 되찾는다", "소생케 된다", "다시 번성케 된다"라는 의미가 있다.

부흥하는 교회는 활기가 넘쳐 나고 역동적이다. 회복이 있고, 치유의 역사함이 있다. 부흥하는 교회는 성령의 두나미스가 자유롭게 역사하는 교회다. 성령이 운행하시는 교회는 생명력이 있고 역동적이며 강력한 역사가 나타난다. 교회마다 부흥의 계절, 부흥의 시간을 포착해야 한다. 부흥이란 하나님의 주도적인 시간을 말한다. 부흥은 양적인 시간이 아니라 하나님의 때이며, 하나님의 시간에 초자연적으로 역사한다.

부흥하는 교회에는 에베소서 2장 22절의 역사가 일어난다. 부흥하는 교회는 성령 안에서 하나님이 거하실 처소가 되기 위해 함께 지어져 가는 교회다. 하나님, 말씀, 성령으로 흠뻑 젖어 가는 교회다. 교단은 중요하지 않다. 성공회, 침례교, 장로교, 감리교, 오순절 계통의 교회 등 모두 부흥할 수 있다.

부흥하는 교회는 말씀과 성령, 구조와 자발성이 창조적인 균형을 이룬다. 그리하여 하나님의 능력의 임재를 체험하게 된다. 하나님은 옛 구조를 깨뜨리고 새로운 구조를 만들어 가신다. 우리의 리더십을 갱신하여 하나님이 만들어 가시는 새로운 포도주의 역사로 나아가야 한다.

영적 요소는 부흥하는 교회의 가장 중요한 초점이 되어야 한다. 개교회 집회나 목회자 세미나를 진행하면서 종종 제기되는 중요한 문제가 있다. 그것은 목회자와 평신도 리더들의 교회관이다. "교회란 과연 무엇일까?"에 대한 교회론은 교회의 부흥과 성장을 결정짓는 매우 중요한 요소다.

건강하고 부흥하는 교회가 되기 위해서는 영적 공동체라는 분명한 정체성을 확고히 해야 한다. 교회는 영적 체감 온도가 높아야 한다. 성도들은 교회뿐 아니라 일상의 삶에서 예수 그리스도의 실재를 경험해야 한다. 부흥하는 교회의 목회자와 리더들은 영적인 요소를 중요하게 여긴다. 부흥에 있어서 회중의 부흥이 얼마나 중요한지 모른다. 부흥하는 교회에는 교인들이 하나님의 임재를 체험하게 하는 영적인 인프라가 풍성하다.

목회자와 영적 리더들은 교인들이 하나님의 임재를 경험하도록 어떻게 도와줄 것인가? 이는 모든 교회 사역의 가장 중요한 강조점이다. 수많은 성도들이 이러한 임재에 대한 체험이 부족하다. 영성이 일상의 삶과 유리된 채로 살아가며 방황하는 것을 보게 된다.

가장 중요한 원인 중 하나는 교회가 영성의 역동성과 하나님의 임재의 생명력을 상실했기 때문이다. 즉, 우리에게 생명을 주시고 그리스도를 인격적으로 닮아 가도록 도와주시는 성령의 임재에 대해 무지하기 때문이다. 성도들은 그리스도를 영접하고 나서도 계속 힘들고 실망스러운 상황에 부딪히며 살아가게 마련이다. 문제는 교회가 신학적 이론을 잘 설명해 주는지는 모르지만, 하나님과의 관계와 임재를 어떻게 경험하는지에 대한 구체적인 영적 로드맵을 제시하지 못한다는 것이다. 그것을 성경 지식의 양으로 대신해 버렸다.

성도들은 매일의 삶에서 하나님과 직접적인 관계를 맺으며 성장하기를 원한다. 하나님의 임재를 현실의 삶에서 경험하고, 내 안에 강력한 내적 생명력이 잉태되어 지속되기를 원한다. 그러나 적지 않은 교

부흥하는 교회에는 교인들이 하나님의 임재를 체험하게 하는 영적인 인프라가 풍성하다.

인들이 교회 생활이 주는 매너리즘으로 인해 하나님의 임재에서 오는 생명력을 느끼지 못한다. 교회 프로그램은 많지만 내적으로 심각한 갈증과 답답함을 안고 있다.

이런 영적 불감증의 부분적인 원인은 교회가 지적이며 인지적인 접근에 초점을 맞추기 때문이다. 물론 신앙에는 지성적인 요인이 존재한다. 그러나 신앙이란 논리적인 명제를 모아 놓은 화석화된 교리가 아니다. 우리는 신앙을 보다 전인격적인 경험으로 수용할 수 있게 도와줘야 한다. 그동안 복음주의 교회는 인지적인 접근법을 통한 성경 공부나 지식적인 제자 훈련으로 일관해 왔다. 그 결과 교회의 생명력이 약화되고, 교인들이 외적이며 형식적인 신앙생활에 빠져들게 되었다.

부흥하는 교회의 성도들은 영적인 체험이 풍성하다. 영적 체험을 통해 삶의 방향이 정해지고 새로운 에너지를 얻는다. 그 경험은 먼저 영적인 지도자와 리더로부터 시작된다. 목회자는 영적 체험으로 인해 이룰 수 없는 것에 대한 비전을 갖게 된다. 그 비전으로 말미암아 주목하지 않을 수 없는 초점이 생기며, 실제적이고 강력한 계획을 세울 수 있다. 그들이 계속해서 하나님과의 교제를 통해 영적인 능력을 받자 그들의 목회에 새로운 안목과 인내심이 생겨난 것이다.

성령을 새롭게 체험하라!

나의 영적 리더십이 갱신된 가장 큰 이유는 성령과의 새로운 만남 때문이었다. 나의 목회와 신학적 훈련은 지성을 강조하는 신학교에서 시작되었다. 그러나 이민 목회를 하면서 주지주의적 제자 훈련의 한계성에 부딪혔다. 진정 하나님의 능력이 필요하다는 것을 느꼈다. 하나님이 내 목회에 은혜를 부어 주시기를 간절히 사모하며 몇 달간 기도에 매달렸다.

어느 날 새벽 기도를 드리는데 그날따라 기도의 갈망이 간절했다. 교인들이 다 떠난 예배당에서 혼자 계속 기도를 드렸다. "주님, 저를 불쌍히 여겨 주세요"라고 울부짖으며 오랜 시간 주님께 매달렸다. 그런데 어느 순간부터 주체할 수 없는 능력이 위로부터 임하기 시작했다. 동시에 온몸이 뜨거워지면서 방언이 터졌다. 말할 수 없는 하나님의 임재가 내 영혼에 넘쳐 났다. "장로교 목사에게도 성령이 임하고 방언이 터지는가?" 하는 어리석은 걱정(?)을 하기도 했다. 그것은 너무 지적인 목회를 추구했던 나에게 성령의 능력을 보완하며 균형 잡힌 목회를 하라고 말씀하신 것이었다. 그 후 말씀과 성령이 함께하는 통전적인 목회를 하고 있다.

강력한 성령의 은혜를 체험한 후 목회에 큰 변화가 일어났다. 항상 회개가 있었다. 나 자신의 부족함을 절감하게 되었다. 예수님을 향한 뜨거운 열정이 생겼다. 성령의 도우심을 구하면서 말씀을 준비했다. 기도도 더 열심히 하게 되었다. 철학적으로 고상하게 말씀을 전하려는 인간적인 생각을 포기했다. 그리고 성령을 온전하고 겸손하게 의지하며 말씀을 준비했다. 그 가운데 교인들의 삶에 변화가 확연히 찾아왔다.

체험과 말씀이 동시에 필요하다

"목회자로서 성경을 가르치고 묵상하면서 성경을 어떻게 더 잘 이해할 것인가?"라는 과제는 평생의 탐구 과제가 되고 있다. 나는 지성을 강조하는 신학교에서 성경적 방법론에 대한 훈련을 받았다. 그래서 지적인 전통에서 성경을 분석하고 학문적으로 연구하는 것을 성경 연구의 가장 기본적인 방향으로 설정했다. 자연적으로 설교도 그런 바탕에서 전했고, 그런 지적인 설교가 중요하다고 생각했다. 그러나 교인들은 이러한 지식 위주의 딱딱한 설교에 마음을 잘 열지 않았다.

이민 목회의 치열한 현장에 던져지면서 지식적인 성경 공부만으로는 도저히 해결할 수 없는 성도들의 수많은 생의 절실한 과제 앞에서 한때 방황하는 시간을 가졌다. 그래서 소그룹 성경 공부, 묵상 중심의 성경 공부, 본문 중심의 지성적 성경 공부 등 여러 가지 방법을 시도했다. 지금도 가장 좋은 성경 공부의 방법론을 가지고 씨름하고 있다.

그동안 나름대로 정리하면서, 회중의 눈높이로 성경 공부를 하는 것이 좋겠다는 소박한 결론을 가지게 되었다. 일부 지성적인 교인이나 젊은 청년들에게는 지성적이며 주지적인 성경 공부도 필요하다. 신학자 칼 헨리는 "복음주의자들이 젊은이에게 지성적인 면을 자극하지 않는 것은 기독교의 가장 귀중한 자원을 낭비하고 심지어 훼손하는 것이다"라고 경고하고 있다. 나는 그 말에 전적으로 동감한다. 캠퍼스에서 신앙인들이 지성으로 무장한 불신자 교수들이나 지식주의자들과 지적인 담론을 나누면서 맥없이 패하는 것을 종종 보게 된다. 우리 기독교인들도 신앙과 지성으로 무장해서 불신자들 앞에서 허무하게 무너지는 일을 막아야 한다.

그러나 이민자들처럼 삶의 다급한 정황과 실존적인 고통을 안고 사는 주변인들에게는 보다 마음을 털어놓을 수 있는 묵상과 나눔 중심의 성경 공부를 추천하고 싶다. 성경을 읽으면서 자신의 삶에 와 닿는 구절을 깊이 묵상하는 가운데 그 말씀으로 하나님의 음성을 듣는 계시적인 성경 공부도 필요하다. 아울러 인간이 체험하는 인생의 극한적인 상황이 성경을 보는 눈을 좀 더 체험적이고 직관적인 방법으로 이끌어 준다.

나는 신앙 여정에서 극한적인 목회의 위기 가운데 성경이 환히 열리고 이해되는 생생한 경험을 했다. 살아 계신 하나님이 말씀해 주셔야 성경이 바르게 이해되고 깨달아지는 새로운 은혜가 찾아왔다. 성경의 학문적 연구과 더불어 성령의 조명을 통해 성경을 통전적으로 이해하는 새로운 세계가 열리게 되었다. 성경의 형식과 내용, 학문 연구와 신앙 체험이 병존하는 새로운 은혜를 맛보았다.

유명한 개혁신학자 츠빙글리도 초기에는 에라스무스의 영향으로 대단히 인문학적이며 지성적인 성경 이해를 시도했다. 그러나 1519년에 흑사병으로 인해 고통의 늪을 헤매게 되었다. 죽음의 공포와 두려움이 그를 휘감았다. 그는 간절히 기도하면서 하나님께 자신의 인생을 의탁하게 되었다. 삶과 죽음의 문턱을 드나들면서 살아 계신 하나님을 만났고 치유되었다. 그 치유의 경험이 그로 하여금 신학적 방향은 물론 교회 개혁의 방향을 새롭게 하는 계기로 작용했다. 학문적으로 배우고 따라야 할 선생의 모습으로 살았던 그가 그리스도 안에서 계시된 하나님을 새롭게 고백하는 체험적인 구도자가 되었다.

그는 치유하시는 부활의 주님을 만나고 소명을 새롭게 깨달았다. 하나님과의 대면이라는 체험의 빛 아래 말씀을 이해하고 교회와 사회를 개혁하기 시작했다. 현대 교회에 필요한 것은 말씀을 성령으로 재조명하려는 시도다. 그것이 말씀과 성령이 병존하는 교회의 모습이다.

균형 잡힌 성령론이 필요하다

수많은 그리스도인이 성령의 존재는 인정하고 있지만 성령의 능력으로 살아가는 실제적인 방법에 대해서는 무지한 것 같다. 21세기에 성령의 인격과 사역에 대한 새로운 조명이 시작되면서 변화의 바람이 불고 있다. 현대의 교회사를 살펴보면 교회 성장에 다양한 굴곡이 존재한다. 특히 주류 교단들은 교세의 현저한 감소를 경험하고 있다. 이에 반해 가장 강력한 성장을 거듭하는 교회들은 성령 충만에 중심을 둔 오순절 운동과 은사 쇄신 운동의 교회다.

성령의 영성은 이를 거부하거나 혹은 지나치게 집착하는 양극단으로 나뉘는 경향을 보이고 있다. 특히 성령의 은사나 사역에서는 신학적인 대립이나 갈등이 너무나 첨예하다. 목회자로서 가늠하기 어려운 극단적인 주장을 목격하면서 고통스러운 마음을 갖게 된다. 현장에서 목회하는 목회자들에게는 균형 잡힌 성령론이 절대적으로 필요하다. 그리고 신학자들은 사역 현장의 목회자들과 교인들의 경험과 삶을 보다 정중하게 경청할 필요가 있다. 물론 지나치게 감정적인 흥분으로 몰아가는 무절제한 성령 은사론은 자제해야 한다. 그러나 성령의 놀라운 역사에 대해 열린 마음을 갖는 것이 모두에게 필요하다. 그리고 그 체험이 말씀으로 검증되는 분별력이 어느 때보다 시급한 시점이다.

성령은 무엇보다도 예수 그리스도를 증거하신다. 또한 사람들 안에서 그리스도의 구원 사역을 이뤄 가신다. 그리고 믿는 자들이 이제는 그리스도를 닮아 갈 수 있도록 성령의 열매를 맺게 하신다. 그뿐 아니라 성령의 은사와 기회를 주셔서 교회를 세워 나가며, 하나님 나라를 세워 나가는 사역을 감당하게 하신다.

성령은 살아 계시고 우리를 사랑하시는 인격체이다. 그분은 우리가 조작하거나 사용할 수 있는 힘이나 영향력이 아니다. 영성의 삶이란 결국 그리스도 중심의 삶을 살아가며, 그리스도만으로 즐거워하는 일이다. 성령은 그런 의미에서 예수 그리스도를 증거하고 또 그분을 영화롭게 하신다. 그러므로 모든 체험과 은사에 있어서 내가 그것을 소유했다는 영적 교만을 경계해야 한다. 성령의 모든 은혜는 오로지 그리스도께로 집중해야 한다. 많은 사람들이 은사를 주시는 그분보다 은사 자체를 더 높이는 경향이 있다. 이것은 성경적 성령론과 상반되는 것이다.

목회를 하면서 성령의 능력으로 살아가기보다는 인간적인 추론이나 노력에 더 의지하며 살아가는 교인들을 자주 만나게 된다. 성경 공부는 열심히 하고 성경적인 지식은 많은데 자신 안에 내주하시는 하나님의 영을 겸손히 의지하는 마음이 부족하다. 신학에 대한 해박한 지식을 가진 전문가들 중에도 하나님을 단지 성경적인 명제나 신학적인 고정 관념에 축소시켜서 고정된 사고의 틀에 갇혀 살

성령이 놀라운 역사에 대해 열린 마음을 갖고, 그 체험이 말씀으로 검증되도록 힘써야 한다.

아가는 분들이 있다.

목회 현장에서는 성령이 하시는 놀라운 사역에 의해 변화되어 역동적인 모습으로 살아가는 성도들이 있다. 그러나 그 현장을 이해하려고 들지도 않는 닫힌 마음들도 보게 된다. 자신이 배운 신학이나 도그마로 그 초월적인 경험을 정죄하고 한정하고 제한하는 안타까운 모습을 본다. 건전한 진리에 서 있지 않은 능력과 체험은 감정주의와 극단으로 빠지기 쉽다. 그러나 능력이 없는 교리나 가르침은 무미건조하고 영적으로 무감각하다. 균형 잡힌 성령의 충만은 이성과 감성을 잘 연합하여 포용하는 것이다. 능력과 진리, 가르침과 영성, 해석과 경험이 하나가 되어 서로를 강화시켜 나간다면 하나님의 나라는 더욱더 풍성한 모습을 보일 것이다.

기도할 때 성령은 도와주신다

때때로 선교지에서는 성령의 역사가 강하게 나타난다. 중국 교회가 복음의 자유를 어느 정도 누리게 된 이후로 중국 가정교회 지도자 훈련을 하고 있다. 중국 북부 J시로 선교를 떠난 적이 있는데, 도착 첫날부터 무언가 심각한 문제가 일어나고 있다는 소식이 전해졌다. J시 교회의 내부 문제로 집회가 어렵다는 이야기였다. 공항에 도착한 때부터 어두운 뉴스가 계속 관계자로부터 들렸다. 그러나 '설마, 그렇게 큰 문제가 되겠나?' 하는 심정이었다.

이튿날 아침 우리는 농촌에 있는 H교회에서 사역을 했다. 모인 인원은 50명가량이었다. 내가 "사도행전에 나타난 교회의 모습"이라는 주제로 먼저 강의를 했다. 강의를 한 지 1시간이 지나자 갑자기 교회 안이 소란해졌다. 그 교회를 돌보던 전도사가 "빨리 피신하라"고 우리에게 권고했다. 피하려고 했지만 이미 공안 요원들이 10명 넘게 들이닥쳤다. 피신할 시간도 없었다. 그들은 종교국, 보안국의 공안 요원이었다. 누군가로부터 사이비 종교를 전한다는 소식을 전해 들었다고 했다.

그때부터 그들은 고압적인 자세로 우리를 대했다. 우리의 모습을 비디오로 찍고, 한문 이름과 생년월일을 적게 했다. 그리고 우리에게 여권 제시를 명했다. 우리는 여권을 소지하지 않았기에 그때부터 실랑이를 벌이면서 몇 시간을 보냈다. 분위기는 갈수록 경색되었다. 그들은 심지어 우리에게 소리를 질러 대며 공포감을 조성하기도 했다. 마침내 우리는 그들에게 여권을 보여 주기로 합의하고 그 장소를 떠나려고 했다. 그런데 묘한 일이 생겼다. 여권이 있는 장소로 모두 갈 필요는 없다고 판단한 것이다. 그래서 몇 사람만 가서 여권을 챙겨 그들에게 보여 주기로 했다.

남은 우리는 어수선한 마음이었다. 그런데 예배실에 다시 들어가 보니 약 20명의 가정 교회 지도자들이 계속해서 찬양하며 우리를 위해 기도하고 있었다. 우리 자신이 부끄럽기도 하고, 또 너무나도 감동적인 순간이었다. 그들은 위험을 무릅쓰면서 우리를 위해서 기도하고 있었다. 그런데 우리는 상황에 압도되어 영적으로 담대한 자세가 순간 흩어졌던 것이다. 순간 성령님이 더 이상 이렇게 나약하게 있어서는 안 된다는 사실을 깨닫게 하셨다. 우리는 그들과 함께 합심하여 기도하기 시작했다.

나는 기도회를 다시 인도하기 시작했다. 그러자 마음이 차분해지며 홀가분해졌다. 성령님은 내가 전해야 할 말을 깨닫게 하셨다. 사도행전 12장의 말씀이 생각나게 하셨다. 사도 베드로가 복음을 전하다가 투옥된 이야기였다. 온 교회가 기도할 때 베드로가 기적적으로 풀려나온 역사가 오늘도 동일하게 이뤄지게 해 달라고 합심하여 기도했다. 성령의 뜨거운 임재가 기도의 열기로 느껴지는 순간이었다.

상황이 계속 악화되고 있다는 소식이 휴대전화로 전해졌다. 숙소로 돌아간 일행이 오히려 곤혹을 치르고 있다고 했다. 그러나 그 순간에도 기도를 그치지 않았다. 찬양을 하며 간절히 기도했다. 같이 기도하는 중국인 성도들로부터 간절한 기도의 열기가 느껴졌다. 그들이 눈물로 전심으로 찬양하는데 내 마음도 뜨거워졌다. 그리고 기도하는 가운데 성령님이 또 말씀을 주셨다. 빌립보서 4장 6절의 말씀을 읽으라고 하셨다.

"아무것도 염려하지 말고 다만 모든 일에 기도와 간구로, 너희 구할 것을 감사함으로 하나님께 아뢰라."

염려하지 말라는 성령의 음성이 들려왔다. 오직 모든 일에 기도와 간구로 구하라는 뜻이 느껴졌다. 나는 그 예언적인 말씀을 기도하는 모든 사람들에게 전하면서 계속 합심해서 기도하자고 했다. 전화로 들려오는 소식은 상황이 악화되고 있다는 것이었다. 그러나 나는 선교사에게 걱정하지 말고 기도하자고 했다. 그들을 위해 기도하는 가운데 놀라운 성령의 임재가 나타났다. 방언을 하고, 성령의 뜨거운 임재를 경험하는 등 다양한 성령의 은사가 나타났다. 성도들이 치유되고 성령 충만을 경험했다.

식사를 마친 후 같이 간 목사님에게 나와 함께 계속 강의하자고 했다. 그런데 강의를 시작한 지 10분 만에 상황이 역전되었다. 우리의 일행 모두가 구금 상태에서 풀려났다는 이야기가 전해졌다. 요원들 전원이 철수했다는 소식이었다. 도무지 믿겨지지 않았다. 기도하는 가운데 우리 모두는 할렐루야를 외쳤다.

우리는 찬양하고 기도하며 하나님께 감사를 드렸다. "어떻게 이러한 일이 발생한 것일까? 왜 갑자기 상황이 좋아졌을까?" 궁금하기만 했다. 얼마 후 공안 당국에 소환되었던 일행이 돌아왔다. 그들이 전하는 소식은 놀라웠다. 도저히 풀려나오지 못할 위급한 상황이 전개되었다가 일순간 분위기가 반전되었다는 것이다.

우리 일행 중 한 분이 차에서 한 요원에게 벼농사에 관한 이야기를 했다고 한다. 그러면서 우리가 사업 투자 때문에 여기에 온 것이라고 설명했다. 그리고 마침 가방에 넣어 두었던 투자보고서를 꺼냈다. 사실 그것은 한국 내의 어떤 투자를 설명하는 문건이었는데, 그들의 태도가 갑자기 누그러지기 시작한 것이다. 그들 중 영어를 하는 사람이 있어서 영어로 이야기하면서 대화가 부드러워졌다.

그런데 놀라운 사실은, 상황이 좋아지던 바로 그 시간에 우리는 교회에서 합심하여 기도하고 있었다는 것이다. 나는 다시 깨달았다. 우리가 기도하던 그 시간에 갑자기 그곳의 상황이 변화되기 시작한 것이다. 요원들은 옆방에서 대책 회의를 한 후 우리 일행을 풀어 주기로 결정했다. 그리고 오히려 우리에게 사과했다.

인간의 상식으로는 도저히 이해하기 어려운 대반전의 역사가 일어난 것이다. 모든 것이 성령의 역사였다. 그 모든 소식을 듣는 가운데 나 자신도 감격하게 되었다. 그것은 정녕 기도의 역사가 아닌가? 성령 가운데 기도할 때 상황은 역전되었다. 그들은 우리를 이해하며 오히려 자신들의 거친 태도에 사과했다. 모든 것이 하나님의 은혜였다. 우리는 하나님께 찬양드리며 감사와 영광을 돌렸다.

처음에는 그 상황이 얼마나 위태로운 상황인가를 알지 못했다. 그러나 하나님은 그 어려운 상황으로부터 우리를 지켜 주신 것이다. 하나님의 개입이 아니고서는 도저히 헤쳐 나올 수 있는 상황이 아니었다. 우리는 모든 집회를 은혜 가운데 예정대로 진행했다. 하나님은 우리의 사역이 조금도 위축되지 않게 하셨다. 오히려 우리가 사역을 통해 필요한 것을 다 채우게 하셨다. 그리고 중국의 형제자매들이 성령의 은혜를 체험하게 하셨다.

이튿날 아침, 어려운 상황에도 불구하고 말씀을 듣기 원하는 이들을 위해 그 다음 날, 가정집에서 모여 집회를 했다. 15명 정도가 모인 작은 집회였지만 나는 그들을 위해 사도행전의 말씀으로 도전했다. 그리고 성령의 충만함을 강조했다. 사도행전 3장 말씀으로 치유의 기도에 대해 강의하고 기도를 한 후, 모든 강의를 예정대로 마치게 되었다.

현대에는 더욱더 강력한 영성이 필요하다!

영성학자 리처드 포스터는 오늘날 인간 사회가 당면한 가장 큰 문제는 "영혼의 깊이가 없는 사람을 양산해 내는 불신의 환경"이라는 의미 있는 지적을 하고 있다. 오늘날 많은 현대인들이 영혼의 깊이가 풍선처럼 가볍다. 그래서 온갖 영혼의 질병이 만연하다. 얄팍한 영성의 깊이로는 현대의 복잡한 기술 문명과 정보 사회의 중압감을 감당하지 못한다. 그래서 자살과 정신적 질병과 스트레스가 온 사회에 넘치고 있는 것이다.

인터넷은 인류 문명이 이룩한 가장 놀라운 과학 기술이다. 그러나 인터넷과 관련하여 문명비평가들은 그 부작용을 만만치 않게 강조하고 있다. 최근에 니콜라스 카는 『생각하지 않는 사람들』(청림출판, 2011)이란 흥미로운 책을 출판했다. 그런데 부제가 재미있다. "인터넷이 우리의 뇌 구조를 바꾸고 있다"라는 충격적인 제목이다. 하버드 비즈니스 리뷰 편집장을 지냈고 IT 분야의 유명한 칼럼니스트인 그는 "인간이 인터넷을 사용하면서 방대한 정보의 접근이 가능해지고 네트워크도 넓어졌다"라고 인터넷의 유용성을 언급했다. 그러나 그 대가로 집중력과 사색의 시간이 사라졌다는 주장을 펼치고 있다.

그는 인터넷의 자극에 의해 의사소통이 단절되고, 깊이 생각하며 묵상하는 뇌의 기능을 상실하고 있다고 탄식한다. 인터넷은 집중력을 분산시키는 기계라고 혹평한다. 목적 없이 클릭하고 다니며 필요한 정보와 이미지의 융단 폭격을 받는 대가로 인간에게 가장 필요한 사색의 능력, 기억력 등을 잃어 가고 있다는 것이다. 그는 자연에서 시내는 시간과 신앙의 시간이 이러한 디지털 시대에 매우 중요하다고 강조한다. 그리고 그것이 뇌에 휴식을 준다고 말한다.

가공할 만한 정보 첨단 시대에 우리의 영성을 새롭게 관리해야 한다. 영성은 우리의 영혼과 깊은 관련이 있다. 영이신 하나님과의 관계가 중요하다. 영성 훈련은 묵상과 깊이 있는 영성으로 이뤄진다. 이 영성이 깊어질 때 우리 내면의 영혼은 하나님의 깊은 세계로 접속된다. 이 깊음의 세계 속으로 들어가기 위해서는 우리의 영이 강력히 훈련되어야 한다. 유명 연주자와 최고의 자리에 오른 운동선수들을 관찰해 보면 훈련 프로그램을 정해 놓고 아침저녁으로 거르거나 미루는 일 없이 치열한 반복 연습을 한다. 미국 미식축구의 전설적인 영웅 제리 라이스는 "경기장을 달리며 패스를 척척 받아 내는 것이 전부가 아니다. 그 일을 잘 하기 위해 매일 팔 굽혀 펴기를 천 번씩 한다"고 힘주어 말한다.

영적인 분야도 동일한 원리가 적용된다. 영성 훈련이란 지난날 우리의 몸과 영혼에 자리 잡았던 사고, 감정, 가치관, 행동, 습관을 하나님의 은혜로 무너뜨리는 작업이다. 우리의 몸을 하나님의 의의 병기로 드리는 거룩한 변화의 작업이다. 오늘날 자신을 기독교인이라고 고백하는 많은 사람들이 자신의 전문 분야와 직업을 위해서 피눈물 나는 훈련을 하고 시간을 투자한다. 다이어트를 위해서 치밀한 식단 관리를 한다. 얼짱, 몸짱이 되기 위해 성형을 하고, 온갖 헬스 장비를 다 동원

한다. 그러나 자신의 영혼에 자리 잡고 있는 흑암의 권세를 무너뜨리는 영성 훈련을 위해서는 시간을 투자하고 땀을 흘리며 수고하려고 들지 않는다.

영성 훈련은 우리의 몸을 쳐서 하나님의 생명이 흘러넘치게 하는 역동적인 신

앙의 담금질이다. 강인한 영성 훈련으로 디지털 시대의 후유증을 극복
해 나가야 한다.

성령을 경험하는 체험의 장이 필요하다

성령의 부흥은 말씀에 기반을 세우고 말씀의 제어를 받아야 한다.
말씀과 성령의 균형과 조화가 필요하다. 부흥하는 교회는 무릎을 꿇고
하나님께 부르짖으며 기도하고, 아울러 말씀을 연구하기 위해 성경을
펼치고 말씀을 묵상하는 교회다.

> "새 포도주를 낡은 가죽부대에 넣지 아니하나니 그렇게 하면 부대가
> 터져 포도주도 쏟아지고 부대도 버리게 됨이라 새 포도주는 새 부대
> 에 넣어야 둘이 다 보전되느니라"(마 9:17).

지난날의 진부한 교회 구조로는 성령의 새로운 역사를 담지 못한다.
교회는 성령의 역동적인 역사를 담을 만한 새로운 구조로 갱신되어야
한다. 새로운 목회 구조로 성령의 임재를 경험할 수 있는 수요기도회,
금요예배, 특별 새벽기도회를 기획해야 한다.

또한 교인들로 하여금 강력한 영적 체험을 하고, 말씀으로 기반을 닦
게 해야 한다. 성령의 사역을 체험하는 것이 필요하다. 우리 교회에는
"생수의 강"이라는 회심 양육 프로그램이 있다. "생수의 강"을 통해서
교인들은 기독교에 대한 체계적인 지식을 배운다. 또 정성껏 준비한 교

제 테이블을 통해 식사하면서 영적인 교제를 나눈다. 아울러 성령과 치유의 사역을 통해 성령의 임재를 강력히 체험한다. "생수의 강"을 통해 기독교의 진리에 대한 확신을 갖게 되며, 하나님의 임재를 경험하며 역동적인 교인으로 변화되고 있다.

교인들이 선교지에서 단기 선교를 하는 가운데 성령의 강력한 은혜와 새로운 헌신의 감동을 경험하는 것이 필요하다. 우리 교회는 선교지를 위한 중보기도 콘퍼런스를 1년에 몇 차례씩 열고 있다. 중보 기도를 하는 가운데 기도의 열정과 헌신을 갖게 된다. 매년 수백 명의 교인이 단기 선교를 통해 강력한 성령의 은혜를 체험한다. 그리고 자신의 인생을 하나님 나라를 위해 헌신하는 결단을 한다.

현대 교회는 사역 구조에서 창의성을 가져야 한다. 사람들은 깊은 영적인 체험을 원한다. 동시에 자신을 따뜻하게 품어 줄 소그룹을 필요로 한다.

오늘날 세상은 아이폰, 아이패드, 화려한 영상, 선명한 텔레비전 화상, 인터넷, 페이스북 등 강력한 IT로 무장되어 있다. 교회는 이러한 영상정보 시대와 경쟁해야 한다. 교회를 어떻게 혁신시켜 나갈 것인가? 우리는 잇사갈의 자손들처럼 시세를 알고 마땅히 행할 바를 알아야 한다(대상 12:32).

부흥하는 교회가 되기 위해서 목회자들은 오늘의 할 일을 위해 하나님의 음성을 들어야 한다. 그리고 미래의 관점에서 오늘의 필요를 이해하기 위해 문화 코드를 읽어야 한다.

성령님은 고정 관념을 무너뜨리신다

허탄한 세상 가운데 모든 성도가 구해야 할 가장 근본적인 신앙의 역동성은 성령 충만함이다. 오늘날같이 악한 영들이 가득 차고 유사 영성들이 기승을 부리는 시대에 성도들은 성령의 은혜를 사모하고 성령의 능력으로 살아가야 한다. 사도행전은 성령의 강한 역사가 이방인들과 사도들에게 나타나는 이야기다. 특히 사도행전 10장은 하나님의 신실한 사람인 베드로가 고넬료에게 성령의 충만함을 받게 하는 역사적 사건에 대한 말씀이다.

베드로는 성령의 인도와 계시를 따라 순종하고 깨달을 때 과거 자신의 인습으로부터 자유함을 받게 되었다. 성령을 받은 사람은 지난날의 편견이나 오만으로부터 자유함을 얻는다. 성령은 우리를 자유하게 하신다. 아울러 우리를 새롭게 깨우치는 은혜를 주신다. 성령 충만한 삶을 살 때 새로운 사고가 내 인생의 지평에서 동트게 된다. 고루한 사람이 되지 않고 비전의 사람, 꿈의 사람이 된다. 교회도 성령의 음성에 귀 기울일 때, 전통과 인습을 깨는 새로운 교회로 나아가게 된다. 그것만이 오늘날의 교회가 살길이다. 성령의 은혜로 교회에 부흥의 불길이 계속 타오르게 된다.

바울은 고넬료의 회심 사건에서 "하나님이 나사렛 예수에게 성령과 능력을 기름 붓듯 하셨디"는 위대한 말씀을 전한다(행 10:38). 예수님은 성령으로 기름 부음을 받으셨다. 성령이 측량할 수 없을 만큼 충만하게 예수님에게 임했다. 예수 그리스도는 매우 특별한 방법으로 하나님께 기름 부음을 받으신 것이다. 그는 세상의 어떤 사람도 받은 적이 없는 방법으로 성령의 기름 부음을 받으셨다. 그 후 성령 충만이 그리스도에게서 한시도 떠나지 않고 지속적으로 임재했다.

성령은 특히 능력과 사역에 깊은 관계를 맺고 계신다. 예수님은 성령으로 인해 기름 부음을 받으셨을 뿐 아니라 놀라운 능력으로 기름 부음을 받으셨다. 그로 인해 성령의 능력이 있는 사역을 감당하실 수 있었다. 성령은 능력과 관련이 있다. 성령이 충만한 성도는 능력 있게 그리고 권세 있게 사역한다. 주님은 성령의 기름 부으심으로 마귀에 눌려 있는 자들을 고치셨다. 우리도 마찬가지다. 하나님의 일을 능력 있게 감당하려면 성령의 기름 부으심이 넘쳐 나야 한다.

주님은 성령을 충만히 받으신 후 마귀에 눌린 자들을 치유하셨다. 오늘 현대인들은 수많은 악한 세력에 눌려 있다. 악한 영과 귀신의 세력에 눌려 있다. 전쟁의 영에 눌려 있고, 유혹과 죄에 눌려 있다. 이기심과 탐욕에 눌려 있고, 부도덕과 욕망에 눌려 있다. 마귀의 궤계에 눌려 있으며, 온갖 중독과 거짓말에 눌려 있다. 방종과 사치에 눌려 있고, 빈정거림과 증오에 눌려 있으며, 사망의 세력에 눌려 있다.

그러므로 오늘날 성도들과 사역자들은 성령의 기름 부으심이 넘쳐 나서 연약한 세상 사람들과 성도들을 구원해야 한다. 이렇게 묶여 있는 연약한 자들과 모든 사역자들에게는 성령의 기름 부으심이 필요하다. 하나님은 성령이 가득한 마음에 능력을 주시고, 그 능력으로 눌려 있는 자를 자유하게 하신다.

오순절의 성령 강림 사건과 같은 성령의 강력한 임재가 고넬료의 가정에 임했다. 훗날 베드로는 예루살렘에 가서 고넬료 사건을 증언하면서 "성령이 임하시기를 처음 우리에게 하신 것같이 했다"라고 증언했다. 베드로가 예수 그리스도의 십자가 사건에 대해 증언하고, 고넬료의 식구들이 마음 문을 열고 그 말씀을 들을 때 성령이 임했다. 말씀과 성령이 동시적에 역사했다. 말씀이 없으면 구원은 존재하지 못한다. 아울러 하나님의 말씀이 있는 곳에 성령의 충만함이 임한다. 성령은 말씀과 함께 역사한다. 성령과 말씀이 같이 임재하여 하나님의 결정적인 구원 사건이 오고 가는 모든 세대 위에 하나님이 역사하신다. 성령 충만 그리고 말씀 충만이 모든 성도의 힘찬 열망과 비전이 되어야 한다!

 말씀과 성령의 조화

❶ 성령의 영성은 거부해서도 안 되며, 지나치게 집착해서도 안 된다.
❷ 균형 잡힌 성령의 충만함은 이성과 감성을 잘 연합하여 포용하는 것이다. 능력과 진리, 가르침과 영성, 해석과 경험이 하나가 되는 것이다.
❸ 성령과 말씀은 함께 역사한다. 성령 충만과 말씀 충만이 모든 성도의 힘찬 열망과 비전이 되어야 한다.

성령의 부흥을
체험한 이야기

송민경 성도

안녕하세요? 부활절 주일, 3부 예배의 큰 은혜의 자리로 인도해 주시고, 여기 계신 아틀란타 연합장로교회 성도님들께 감히 제 얘기를 나눌 수 있는 시간을 허락해 주신 하나님께 이 모든 감사와 찬양, 그리고 영광을 올려 드립니다.

저는 한국에서 대학 교육을 마치고, 2004년 가을에 유학생으로 홀로 미국에 왔습니다. 벌써 8년이 되었습니다. 제가 처음 도착한 도시는 코네티컷 주에 위치한 뉴 헤븐이라는 작은 도시였습니다. 제가 입학한 해에 그 과정에 들어온 외국인이 저 한 명이었기에, 입학식에서 학장님이 "올해 한국에서 온 외국인 학생이 한 명 있습니다"라고 말씀하셨습니다. 제게 쏠리는 시선은 너무나 당연했습니다.

어리바리한 외국인 학생이 할 수 있는 것은 수업 시간에 맨 앞자리에 앉아서 교수님이 하시는 말씀 중에 알아듣는 단어 몇 가지를 적고, 수업을 마치고 친구들에게 겨우 물어서 문장을 만들어 내는 것이었습니다. 그렇게 눈물로 지새우는 나날을 보내야만 했습니다. 그 당시 저의 목표는 F학점을 맞지 않아서 학교에서 쫓겨나지 않는 것이었습니다. 기숙사에 있는 방들 중에 마지막으로 불이 꺼지는 방이 되는 것이 제가 할 수 있는 유일한 일이었습니다.

그런 시간이 지나 공부를 무사히 마치고, 2010년에 저는 애틀랜타에 있는 미국정부질병통제기구(CDC)에서 역학 연구를 하는 연구자란 직업을 갖게 되었습니다. 에모리대학에서 강의도 하게 되었습니다. '학업'에 대한 마음의 부담감에 사실 제게 교회란 곳은 시간이 있을 때 예배드리러 가는 곳이었습니다. 정말 너무 힘들 때 새벽 기도로 하나님을 찾고 주변 분들에게 중보 기도를 부탁하는 곳이었습니다. 저는 소위 '무늬만 크리스천'이었습니다.

그러던 제가 작년 3월에 학교 선배의 소개로 "생수의 강" 3기에 오게 되었고, 처음으로 하나님을 제 마음으로 만나게 되었습니다. 무엇보다 제가 한 번도 경험해 보지 못한 은혜를 주말 수양회에서 부어 주셨습니다.

수양회 첫날 저녁, 정인수 목사님께 안수 기도를 받기 전 찬양을 부르는데, 저도 모르게 눈물이 쏟아졌습니다. 그리고 집중해서 하나님께 기도하기 시작했습니다. "하나님, 저는 당신을 잘 모릅니다. 당신께 간절히 구하라고 하는데, 저는 너무 약하고 부족하여, 아직도 당신께 무엇을 먼저 구해야 하는지 모르겠습니다. 제 눈을 가리는 모든 욕심, 불안, 걱정을 내려놓고 이 시간 당신께 저를 맡기겠습니다." 한참을 그렇게 울며 기도하는데, 제 순서가 되었습니다.

누군가의 손에 이끌려 정인수 목사님께 안수 기도를 받고 안식에 들어간 순간, 태어나서 처음으로 그렇게 큰 목소리로 울부짖으며 온몸을 부들부들 떨며 기도하며 주님을 바라보는 저를 발견하게 되었습니다. 그러면서 하나님이 이렇게 말씀하시는 것을 느꼈습니다. "민경아, 내가 알아. 내가 다 알아. 네가 얼마나 외로웠는지, 얼마나 힘들었는지 나는 안다." 나중에 듣게 되었습니다. 제가 그렇게 정신을 잃고, 하나님이 저를 만나 주신 시간이 한참 동안이었다는 것을요.

미국 생활을 하면서 무엇을 하든지 항상 불안하고 조심스러웠습니다. 미리 계획하고 준비하지 않으면 생존할 수 없다는 불안함, 걱정, 근심…. 이런 것들로 제 심신은 지쳐 가고 있었습니다. 그런 시간이 쌓이면서 제 마음에는 하나님이 중심에 계신 것이 아니라 저 자신이 커져 가고 있었던 것입니다. 그것을 하나님이 한순간에 보여 주셨습니다. "나를 지으신 이가 하나님이시고, 나를 부르신 이가 하나님이시고, 나를 보내신 이 또한 하나님이시라."

그리고 저로 하여금 당신의 십자가를 품게 하셨습니다. 주변의 친구, 동료, 때론 가족도 나를 이해하지 못하는 순간에도 당신이 함께하셨다는 것을 느끼게 하셨습니다. 그 은혜의 시간 이후, 저는 하나님과 교제하는 시간이 즐겁고, 마음이 평안해지고 행복해졌습니다. 게스트로 시작한 생수의 강에서 4기 때는 도우미로, 포스트 알파 모임으로, 그리고 이번 5기에서는 인도자로 훈련받으며 더 큰 은혜를 받는 섬김의 자리로 나오게 하셨습니다.

갈라디아서 2장 20절 말씀에 "내가 그리스도와 함께 십자가에 못 박혔나니 그런즉 이제는 내가 사는 것이 아니요 오직 내 안에 그리스도께서 사시는 것이라 이제 내가 육체 가운데 사는 것은 나를 사랑하사 나를 위하여 자기 자신을 버리신 하나님의 아들을 믿는 믿음 안에서 사는 것이라"고 했는데, 영적 체험을 한 후 저는 인간적인 성공이 아니라 하나님이 주신 비전에 대해서 고민하게 되었습니다.

"그의 나라와 의를 구하는 것에 대해 나의 삶에 동기가 분명한가? 나 스스로의 유익을 위한 것인가, 아니면 그 의도가 하나님 나라를 확장하고 하나님께 영광 돌리는 데 있는가?"

그리고 어느 순간 깨닫게 되었습니다. 당신이 저를 이 땅에 보내신 이유는 내가 안락한 삶을 살고, 다른 사람에게 인정을 받거나 부러움을 사고, 나 자신의 안위를 위해 고민하고 살고, 무엇을 마실까, 몸을 위하여 무엇을 입을까 염려하는 것이 아님을 알았습니다. 마태복음 6장 33절 말씀처럼, 먼저 그의 나라와 그의 의를 구하는 것이 무엇인지 생각하게 되었고, 그것이 하나님이 제게 주신 비전에 대한 고민과 맞닿아 있는 것을 알게 되었습니다. 그리스도인으로서 그래야 하는 이유는, 그의 능력으로 우리가 새 생명으로 부활했고, 더 이상 내가 사는 것이 아니라 오직 내 안에 그리스도께서 사시는 것이기 때문입니다.

이번 훈련 후 하나님 나라의 확장을 위해 주저함 없이 나아가라는 응답을 주님께 받았습니다. 그래서 당신께서 부르시는 그 자리로, 거칠고 힘들겠지만 담대한 믿음의 확신을 갖고 한 발짝 나아가려고 합니다. 저의 모든 허물을 항상 사랑으로 감싸 주시고 이 길을 동행해 주시는 하나님, 저의 삶의 모든 것을 한 치의 오차 없이 주관하시고 인도하시는 하나님, 내 죄로부터 나를 구원하시고자 십자가에 못 박혀 죽으시고 그로 인해 오늘도 이렇게 호흡하며 살아가게 새 생명을 불어넣어 주신 주님…. 이 자리를 통해 당신께 한 발짝 더 가까이 갈 수 있게 불러 주심을 감사드립니다.

완전하신 주님, 당신만을 의지하고, 당신의 인도하심을 확신하며 살아가는 당신의 딸이 되게 하옵소서.

::

요즘 경제 위기로 많은
교회와 교인이 고통을 당하고 있다.
이럴 때일수록 영적 리더들은
더욱 무릎을 꿇고
하나님께 매달려야 한다.

chapter 06

새로운 부흥의 물결로 교회를 혁신하라

리더십을
평생 개발하라

●

하나님은 우리를 부르시고,
우리가 가지고 있는 리더십의 잠재력을 최대한 발휘하도록
우리를 양육시키신다. 우리는 이러한 주님의 과정에 순응하면서
리더십을 일평생 개발시켜 나가야 한다.

리더십은 평생에 걸쳐 개발된다

목회를 하면서 지난날 나의 목회 리더십이 떠오를 때가 종종 있다. 그때 왜 그런 부족한 모습을 보였는지 낯이 뜨거워진다. 그러나 그러한 과정이 있었기에 오늘날 이러한 목회 리더십을 발휘할 수 있음을 깨닫는다. 수많은 사역자와 동역하면서 그들의 실수와 실패를 지켜보

게 된다. 그러면서 나도 저러한 실추의 시간이 있었음을 상기한다. 나의 지난날 모습을 반성하면서 그분들에게 적절한 멘토링을 하는 것이 목회의 중요한 일환이라는 생각을 하게 된다.

영적 리더는 어느 순간부터 자신의 리더십이 하나님의 어루만지심 가운데 진행되고 있음을 깨닫게 된다. 어떤 리더십 학자는 이것이 숙명적인 경험이라고 표현한다. 특히 강한 회심의 체험, 말씀과의 만남, 성령의 불같은 은혜를 경험함으로써 하나님이 나의 리더십 여정에 개입하시고 나를 빚어 가고 계신다는 것을 깨닫게 된다. 이러한 깨달음이 올 때 하나님을 찬양하고, 그러한 시간을 의도적으로 기억하고, 내일을 향한 발전의 모멘텀으로 사용하는 것이 얼마나 중요한지 모른다. 그 과정 가운데 하나님이 미래에 나를 계속해서 사용하실 것이라는 믿음을 갖게 된다.

자신이 경험한 리더십을 투영하여 후배 리더들을 관찰하며, 그들이 겪는 시행착오에 코치를 하며, 그들의 리더십이 개발되도록 도움을 주는 것이 진정한 리더십의 사명이 아닐까? 때로 지난날의 영적 대가들, 신실한 선교사들, 겸손한 주의 종들의 전기를 읽으면서 전율할 정도로 동일한 영적 체험과 리더십의 발전 과정을 발견한다. 그 모든 리더십의 여정에는 어떤 공통의 분모가 존재함을 알게 된다.

> 하나님의 연단의 손길이 없다면 우리는 결코 좋은 영적 리더가 될 수 없다.

이러한 과정에서 우리의 지난날의 삶을 하나님의 섭리적인 시각으로 새롭게 인지하게 되며, 이는 하나님의 개입과 어루만지심에 대한 견고한 기대감으로 이어진다. 하나님의 연단의 손길이 없다면 우리는 결코 좋은 영적 리더가 될 수 없다. 탈진한 목회자들과 사역자들이 하나님의 임재를 통해서 새로워지는 경우가 얼마나 많은지 모른다.

지난날 리더십의 갈등과 아픔 가운데 하나님이 다가오셔서 용기를 주시고 지혜를 주시며 리더십을 새롭게 하신 영광의 순간을 잊을 수 없다. 그 간증과 이야기를 다른 목회자들과 나눌 때 그분들의 눈에서 눈물이 어리는 것을 보게 되었다. 그 이야기는 교회를 성장시킨 승리의 이야기만이 아니고 실패한 이야기, 상처 입은 이야기, 목회를 그만두고 싶었던 좌절의 이야기들이다. 그런데 그러한 이야기들이 듣는 사람들에게 깊은 공감대를 형성하는 것 같다.

리더십의 원리와 실제가 초문화적으로 동일한 원리와 패턴을 갖는 경우가 얼마나 많은지 모른다. 선교지를 다니며 현지 목회자들을 위한 세미나를 하면서 문화와 언어와 관습을 뛰어넘는 깊은 공감대를 가질 때가 많았다. 성경의 인물 가운데서도 하나님이 찾아오셔서 그들을 학습하고 개발시키신 리더십 스토리는 무궁무진하다.

하나님은 우리를 부르시며, 우리가 가지고 있는 리더십의 잠재력을 최대한 발휘하도록 우리를 양육시키신다. 우리는 이러한 주님의 과정에 순응하면서 리더십을 일평생 개발시켜 나가야 한다.

리더십의 파이프라인을 열어라!

한 교회를 이끌어 가는 데 있어서 한 문장에 담길 중심 비전이 필요하다는 생각을 하게 되었다. 그러면서 '내가 섬기는 교회는 그 중심 비전이 무엇일까?' 곰곰이 생각해 보았다. 올해 우리 교회의 표어는 "리더십 훈련으로 탁월한 리더가 되자"이다. 사실 이민 교회에서 교인 한 사람 한 사람이 탁월한 리더가 된다는 것은 현실적으로 얼마나 어려운 목표인지 모른다. 그러나 "꿈도 못 꾼단 말인가?"라는 과도한 욕심으로 온 교인에게 리더십 훈련을 시키고 있다. 리더십 축제에 강사로 오신 리더십 전문가는 우리 교회의 목표에 충격을 받았다는 말을 했다.

목회를 하면서 교인들에게 리더십이란 말을 자주 사용하기 시작했다. 그러다 보니 리더십이란 단어가 우리 교회에서는 가장 중요한 화두가 되었다. 나이가 많은 권사님들도 이제는 그 목사님이 리더십이 있느니, 없느니 평가할 정도가 되었으니 리더십 문화를 세워 나가는 교회로서 어느 정도 성공한 것이 아닐까?

이민 교회 목회자들의 입에서 떠나지 않는 불평 중 하나는 일할 사람이 없다는 것이다. 그러나 실제로 교회의 리더를 키워 내는 양육 훈련 트랙은 거의 드물다. 리더십 훈련 트랙은 리더십이 수혈되는 일종의 리더십 파이프라인이다. 이 파이프라인을 통해서 차세대 리더가 될 유망주를 끌어들여야 한다. 그리고 그 파이프라인을 통해 잠재적 리더들이 앞으로 나아가도록 동기를 유발시켜 줘야 한다. 그들을 훈련시키고, 훈련에 맞는 사역의 자리를 확보하고, 실질적으로 그들을 그 자리로 배치하는 것이 필요하다.

최근에 우리 교회의 사역위원회에서 리더십 파이프라인의 도면을 완성했다. 이 도면을 보면 각 사역에 누가 배치되었으며 그들의 연령층이 어떠하며, 또 어느 사역에서 사람들이 부족한지를 일목요연하게 볼 수 있다. 현재 교인들이 어디에서 영적 성장과 사역을 해 나가는지, 그들과 함께 일하는 사람이 누구인지, 잠재적인 리더로 발굴해야 할 사람이 누구인지를 파악할 수 있는 일종의 데이터베이스를 구축한 것이다.

모든 교회는 차세대 리더를 확보함에 있어 세 가지 단계를 유념해야 한다. 첫째, 리더를 발굴해야 한다. 이 발굴 작업은 교회에 들어오는 모든 교인을 대상으로 의도적이며 체계적으로 시행되어야 한다. 두 번째, 그들을 초청하여 사역 훈련 과정에 참여할 수 있도록 격려해 주는 일이 필요하다. 그들에게 비전을 주고 동기를 주어야 한다. 그래서 그들이 교회 사역에 자신의 시간을 투자할 만한 가치가 있다는 확신을 갖게 해야 한다. 많은 사람들에게 그것은 최초의 리더십 경험이 되기 때문이다. 그러기 위해서는 비전 세미나, 사역 세미나 같은 정보 차원의 시간이 필요하다. 세 번째, 잠재적인 리더들과 현재 사역하는 리더들과 일대일의 멘토링 관계를 맺어 준다. 멘토가 잠재적인 리더의 성품, 사역 기술, 리더십을 파악하여 거기에 맞는 리더십 훈련을 권면하고 이끌어 주도록 도와주는 것이다.

교회에 잠재적인 리더가 들어온다고 하더라도 시간이 지나면 그들이 자신의 사역의 자리에 자동으로 찾아갈 것이라는 안이한 생각은 금물이다. 그들에게 자극을 주어서 사역 훈련에 동참하게 하고, 은사에 맞는 사역의 자리로 나아가도록 비전을 주어야 한다. 또한 사역에 대한 자신감을 심어 주어야 한다.

앞으로 한인 교회에는 일반 부흥회보다는 리더십의 비전을 주고 동기를 유발시켜 주는 비전 콘퍼런스나 사역 부흥회가 필요하다. 구체적이며 실질적인 집회가 필요한 시점인 것이다.

위기를 극복할 때 리더십은 도약한다

목회를 하면서, 또 인생을 살아오면서 깨닫게 되는 두 가지 중요한 진리가 있다. 첫째, 인생에는 위기와 시험이 많다는 것이다. 얼마나 다양한 위기와 시험이 우리 삶의 면전을 때리는지 모른다. 나 자신도 목회를 해 오면서 여러 형태의 위기와 시험에 직면했다. 목회 초년병 시절에는 그 위기와 시험이 두려웠다. 그래서 그러한 시간에는 잠을 설치기도 했다. 교인들이 시험을 받고 믿음이 흔들릴 때 많이 걱정했다. "저렇게 인생의 위기와 씨름하다가 신앙을 실족해 믿음의 경주에서 낙오되는 것은 아닐까?" 하며 쓸데없는 걱정을 했다.

그러나 어느 날 깨달은 두 번째 진리가 있었다. 그것은 시험을 극복할 때 하나님의 축복이 임한다는 진리였다. 시험은 하나님의 변장된 축복이다. 하나님이 우리의 인생을 새롭게 하시는 기회다. 그것을 체험하고 나니까 시험이 와도 이제는 별로 걱정이 되지 않는다. 오히려 세찬 파도가 덮쳐도 하나님의 은혜로 파도타기 하는 지혜가 생겼다. 위기관리에 대한 새로운 안목도 생겼다. 위기를 극복한 체험 때문에 두 권의 책도 출판했다. 목사님들이 부족한 나의 책을 읽고 세미나를 해 달라고 요청하는 횟수도 늘어났다. 위기를 통과하는 목사님들과 대화하고, 그들이 경험했던 위기와 고난을 경청하면서, 그 과정에 나타난 하나님의 도우심과 은총을 확신했다.

시험이 찾아올 때 그 시험의 본질이 무엇인지를 파악하는 것이 대단히 중요하다. 성경에서 '시험'은 두 가지 의미로 사용된다. 첫째, 시험은 하나님이 주시는 연단이다. 우리의 인격과 믿음을 세워 나가시려는 하나님의 교육적인 훈련이다. 하나님은 대단히 교육적인 분이시라는 사실을 목회와 삶을 통해 경험하게 되었다. 하나님은 우리가 계속 성장하기를 원하신다. 그래서 그분은 위기와 시험을 통해 우리를 강도 높은 단계로 이끌어 가신다.

나도 하나님의 교육적인 손길에 이끌려서 때로 엄청난 강도의 훈련을 받았다. 그 훈련을 인내하고 눈물 가운데 감수했더니 어느 날 그 시련이 리더십의 영향력을 확대시키는 축복의 열매로 나타나게 되었다. 하나님은 각 단계로 우리를 인도하신다. 그런데 그 시험을 통과하지 못하면 다시 동일한 시험을 반복하게 하신다. 우리가 믿음으로 시험을 통과하면 그 다음 단계로 나아가게 하신다. 어떤 리더들은 하나님으로부터 동일한 시험을 받으면서 그 본질을 깨닫지 못하고 계속 실패함으로써 리더십의 초기 단계에 계속 머무는 것을 보게 된다.

두 번째 시험은 유혹이다. 이것은 사탄으로부터 오는 것이다. 우리에게 찾아오는 정욕, 이생의 자랑, 안목의 시험 같은 것이다. 영적 리더에게는 나름대로 다 취약한 부분이 있다. 그 아킬레스건과 같은 연약한 부분을 사탄은 너무나도 잘 꿰뚫어 보고 있다. 이떤 사람은 분을 잘 내는 기질이 있다. 또 어떤 사람은 성적인 부분에 유혹을 느낀다. 어떤 사람은 금전적인 부분에 약하고, 어떤

시험이 찾아올 때 그 시험의 본질이 무엇인지를 파악하는 것이 대단히 중요하다.

사람은 연약한 몸으로 질병에 자주 들게 된다.

한때 사람들에게 존경받던 한 복음주의 목회자가 방송에 나와 변명하는 모습을 보았다. 그는 성적 유혹에 굴복하여 많은 사람을 실망시키고 말았다. 시험에 지고 만 영적 패장의 초라한 모습이었다. 불같은 시험 앞에 넘어진 안타까운 모습이었다. 유혹의 시험을 이기는 비결은 단순하다. 늘 코람데오의 심정으로 살아가는 것이다. 내가 하나님의 존전 앞에 거한다는 두려움을 가지고 살아가는 것이다.

요즘 경제 위기로 많은 교회와 교인이 고통을 당하고 있다. 이럴 때일수록 영적 리더들은 더욱 무릎을 꿇고 하나님께 매달려야 한다. 고난 가운데 하나님의 음성에 귀를 기울여야 한다. 하나님은 선하고 자비로우신 분이어서 우리가 고난 가운데 부르짖으며 기도하는 소리에 반드시 응답하신다. 고난의 때에, 시험의 시간에 하나님을 생생하게 만나는 실존적인 체험을 하게 된다. 그 시험이 오히려 우리의 인생과 목회에 큰 유익으로 나타난다.

위기와 시험 가운데 승리의 간증이 더욱 풍성해짐을 잊지 말아야 할 것이다!

위기를 극복하는 리더십

❶ 시험이 찾아올 때 그 본질을 파악하라.

❷ 첫 번째 시험은 하나님이 주시는 연단이다. 그 시험을 통과하면 리더십이 한 단계 성숙한다.

❸ 두 번째 시험은 사탄이 주는 유혹이다. 유혹을 이기는 비결은 늘 코람데오의 심정으로 사는 것이다.

사역의 부르심으로
나아간 이야기

조무제 동역장

동역원들과 세밀하게 관계를 맺다

주님의 은혜로 사랑이 넘치고, 너무나 역동적인 가정 공동체(말씀 공동체)를 만나 지난 2~3년 동안 극심한 불경기 속에서도 아주 행복한 시간을 보낼 수 있었습니다. 지난 3년간 말씀 공동체와 더불어 경험한 사례를 발표하게 되어 떨리는 마음으로 이런 자리를 준비하게 해 주신 하나님께 영광을 돌립니다.

동역장 교육도 졸면서 받고 얼떨결에 동역장에 파송되었습니다. 처음엔 두려움도 있고, 내가 어떻게 할 수 있을까 하는 마음도 있었습니다. 그러나 주님은 완벽하게 준비된 자를 골라서 쓰시는 것이 아니라, 순종하는 자를 데려다가 쓰시면서 믿음의 사람으로 성장시키시는 분이라는 것을 체험했습니다. 스스로 하려는 마음을 갖고, 두려움을 버리고, 가정공동체 사역에 비장한 마음보다는 기쁜 마음으로 즐기듯이 뛰어들어도 된다고 확신합니다.

외딴섬의 바위 벽에 매달려 파도를 온몸으로 맞으며 홀로 낚시하는 낚시꾼 같은 이민자의 삶에서 가장 역동적이고 기쁜 삶이 동역장님 여러분의 인생 앞에 기다리고 있습니다. 흥미진진하고 생동감이 넘치는 교회 생활이 바로 가정공동체 생활임을 경험했습니다. 불경기에 힘든 지금이야말로 가정 공동체를 통해 주님이 주시는 '기쁨'을 일상에서 누릴 수 있습니다.

동역장님, 여러분은 주님이 주시는 기쁨을 동역원들과 함께하기 위해 파송받은 것입니다. 예수님이 파송하신 72인의 제자들이 모두 이적을 행하고 돌아와 '기쁜 마음'으로 보고하고, 잔치하고, 예수님도 성령에 충만해 기뻐하셨다는 기록이 누가복음 10장에 있습니다. 파송된 동역장님들이 동역원 가정의 성도들과 함께 주 안에서 '기쁨 생활 공동체'를 만들었으니, 동역장 전체 보고회 자리는 예수님이 파송하신 72명의 제자의 귀환식처럼 기쁨이 넘치는 잔치의 자리가 될 것으로 기대합니다.

이민 사회의 교우들은 모두 이름 없는 '들꽃'과 같다고 봅니다. "나도 들꽃이고, 너도 들꽃"이라는 심정입니다. 들판에 피어 있는 꽃들을 주님의 은혜로운 동산의 화단으로 초대해서 옮겨 심어 아름답게

꽃피우게 하는 작업이 가정공동체 사역이라고 봅니다. 동역원들과의 네트워크를 이루는 핵심은 먼저 동역원들이 누구인지 알고, 나를 알고, 서로를 알게 하는 데 집중하는 것입니다. 먼저 알고(know), 친밀감(intimacy)을 증대시킨 다음, 관계를 세밀화(relationship building)하는 과정을 겪었습니다. 주님과의 관계에서도 그랬듯이 교우와의 관계에서도 먼저 서로의 사정을 헤아리고 아는 데서부터 시작되는 것 같습니다.

기술적인 측면: ① 전화 인사, ② 교회에서 만나기, 인사와 식사, ③ 각 가정의 각개 격파, 가정마다 집으로 식사 초대하기, ④ 동역 가정끼리 서로 교제하도록 격려하기, 공동체 활동에 적극 참여하도록 역할 부여하기, ⑤ 교회의 각종 활동에 참여시키기, ⑥ 생활 속에서 서로의 관심사에 동참해 생활하기 순서였던 것 같습니다.

일단 먼저 전화를 해서 같은 동역원으로 배정됐다고 인사를 나누고, 교회 예배의 참석 여부와 시간을 묻고, 어떤 상황인지 안부를 묻고 자녀에 대해서도 물어보면 대충 그림이 잡힙니다. 교회 주소록을 보고, 인터넷으로 주소도 찍어 보고, 주변 인물들과의 대화를 통해 종합적인 정보를 수집한 다음 직접 전화해서 안부를 묻습니다. 모르는 분이면 첫 만남은 반드시 교회에서 가족 단위로 하고, 그런 후에 공식 동역모임을 하는 것을 권했습니다. 서로를 알아야 상대방의 사정을 이해하게 되고, 그런 후에야 배려할 수 있기 때문입니다.

적극적인 역할 분담과 위임: 믿음이 깊은 동역원들과 상의하고, 담당 목회자와 항상 상의했습니다. 신실한 동역원이 믿음이 연약한 동역원들을 직접 보살피고 인도할 수 있도록 부탁하고 권면했습니다. 동역원에게 적극적으로 역할을 위임해 리더로 세우고, 교회의 공식 훈련 프로그램과 각종 교회 사역에 연결하려고 했습니다. 장점을 항상 공개적으로 칭찬하고, 동역 모임 후 2~3일 내에 전화해서 동역 모임에 참가해서 감사했다고 말하고, 수고했다고 솔직하게 격려하면 서로 은혜가 되고 좋았습니다.

서로 섬기고 섬김을 받다

동역장으로서 동역원들을 섬겼다기보다는 섬김을 받은 것 같고 서로 기쁨으로 교제했다는 것이 정확한 표현일 듯합니다. 세상엔 혈연, 지연, 학연, 직장 동료 등 인연의 고리가 많지만 이민사회 생활은 고립무원 그 자체입니다. 가정 공동체는 주님의 말씀으로 연결된 '교연'입니다. 동역 모임을 하다 보면, 서로 다른 기질과 생각과 배경의 성도들이 자신의 시각과 소견대로 세상 이야기를 늘어놓기 십상입니다. 그래서 동창회 모임이나 이웃의 모임이 아니라, 주 안에서 모이는 '신앙 공동체'라는 점을 항상 상기시켰습니다.

동역 모임은 서로의 사생활에 깊이 침투하는 특징이 있습니다. 동역원들은 각자의 처지와 상황이 다릅니다. 생활 패턴이 다르고, 생각이 다르고, 신앙의 성숙 정도가 다릅니다. 말씀으로 인도하며, 많이 말하기 보다는 동역원들의 말을 경청하고, 관계의 친밀도와 편안함을 증진시키는 데 중점을 두려고 했습니다.

특히 동역 초기에 관계가 친밀해지기 위해서 서로 맛있는 음식을 준비해서 나누는 데 중점을 뒀습니다. 동역원 각자의 장점을 발견해서 특정 음식을 잘하면 그 음식을 해 오도록 부탁하고, 노래를 잘하면 찬양을 준비하도록 했습니다. 기도를 잘하면 식사 기도와 시작 기도를 부탁드렸습니다. 과감하게 역할을 떠넘김으로써 참여 의식과 책임감을 나누고 자발적이고 신명 나는 모임이 되도록 했습니다.

일을 할 때는 의견을 청취해서 취합하려고 했습니다. 신앙생활의 시행착오를 함께 나누고, 솔직한 생각과 경험담과 은혜를 나눴습니다. 무엇보다 한 가족이라는 생각이 들 정도로 자주 생각하고, 걱정하고, 자주 연락하고, 물어봐 주고, 챙겨 주고, 기도했습니다. 그리고 모이면 맛있는 음식을 서로 나누며 즐거운 대화와 교제의 시간을 보냈습니다. 그러다 보니, 시도 때도 없이 아무 때나 모인 것 같습니다. 자녀들의 각종 과외활동에 대해서도 함께 정보를 나누고, 함께 움직이게 됐습니다. 한마디로 동고동락을 하며 그 중심에는 항상 교회를 두도록 했습니다.

1년의 세월이 지나니, 자녀들도 주말만 되면 으레 어디에서 모이느냐고 기대감에 물어볼 정도로 친밀하게 됐습니다. 그리고 동역원들이 자발적으로 모임을 준비하고 기획하는 역동적인 단계로 발전하게 됐습니다. 동역장은 말씀을 준비하고, 교역자나 장로님 등 말씀을 위한 인사들을 초청하기만 하면 됐습니다.

서로 합력하는 모임을 갖다

초기엔 매달 1회씩 공식 모임을 가졌습니다. 경험상 동역 모임에서 맛있는 음식을 서로 나누는 것은 아주 중요하다고 봅니다. 특히 요즘 같이 불경기가 장기화되어 사기가 저하되어 있을 때는 집에 모여서 함께 식사하는 것만으로도 큰 위안이 됩니다. 함께 먹는 것은 동역 공동체의 기초 공사가 되어야 할 정도로 중요합니다. 동역원 각 가정이 서로를 알고 이해하는 데는 상당한 시간이 걸립니다. 절대로 서둘거나 낙망할 필요는 없습니다. 오직 기도로 열심히 하면, 모든 것이 각자의 처지에 따라, 때에 맞춰 역사하면서 결국 승리하는 것을 경험합니다.

이런저런 모양으로 가정 공동체의 한 울타리 안에서 함께하는 것이 제일 중요합니다. 때에 따라서 생일 축하로 모이고, 격려차 모이고, 동역원 가족들과 함께 인근에 소풍을 가고, 원거리 여행을 가기도 하고, 남자들끼리는 토요일 새벽기도에 함께 참석하고 난 뒤 맥도날드나 버거킹에서 아침 식사를 같이 하고, 수요 예배 후 탁구나 스쿼시를 함께 하고, 여자들끼리는 비정기적으로 저녁에 집에서 모여 말씀과 간증을 나누고 기도를 함께하고, 또 사람을 초빙해서 간증을 듣기도 하고, 애들을 데리고 함께 자원봉사를 나가기도 하는 등 이민 생활에서 하는 거의 모든 분야의 활동을 함께 했습니다. 때와 장소를 가릴 것이 없었습니다.

서로 유연하게 필요에 따라 의견을 반영해 조정했습니다. 또 새로운 구성원을 초빙할 때도 동역원들이 합력해서 그분과 그분의 가정을 교회의 훈련 프로그램에 동참시킴으로써 인도했습니다. 합력해서 큰 은혜를 얻고 선을 이루는 경험을 할 수 있었습니다.

성령의 임재와 기도 응답을 체험하다

동역 모임에 앞서 영적으로 게으름을 피우거나, 기도가 결핍된 상태에서 세상적인 관심(음식과 대화의 즐거움 등)에 쏠린 채 모임에 갔을 때는 다소 불상사가 발생하기도 했습니다. 그러나 이런 시행착오를 통해 주님은 기도를 더 깊이 하도록 기도의 자리로 인도해 주셨고, 믿음이 업그레이드되어 결국 승리하게 해 주셨습니다. 공동체에 부족하다고 느끼는 은사나 각종 역할이 있을 때 간구의 기도를 꾸준히 하면 저 자신과 구성원들의 변화를 통해서, 혹은 새로운 구성원의 충원을 통해서 채워 주셨습니다. 저는 보통 응답의 시일이 6개월 정도 걸렸습니다.

그리고 관계가 친밀해지고 신뢰가 쌓이게 되자 사고, 이사, 질병, 신앙 문제, 금전, 관계 문제 등 일상의 모든 문제를 동역원끼리 서로 개방하고 중보 기도를 할 수 있게 되었습니다. 민감한 기도 제목은 아내들끼리 모인 자리에서 서로 나누도록 했습니다. 그러면 자연스럽게 남편들에게 전달되기 때문에 어색해하지 않고, 서로의 비밀을 준수하면서 중보 기도를 할 수 있었습니다. 또 남자들끼리 할 수 있는 이야기는 남자들끼리 모인 자리에서 나눔으로써 서로 중보 기도를 했습니다.

개인적으로 동역장으로서 가정 공동체의 동역을 위해 기도하고 응답받은 구체적 사례가 있습니다. 첫째 초심자가 회심자로서 간증할 수 있도록, 둘째 동역원이 단기 선교에 매년 참여하도록, 셋째 전 동역원이 바나바와 동역장 훈련 등 교회 훈련 프로그램에 참여하도록 기도했습니다. 기도한 대로 주님은 항상 이뤄 주셨습니다. 주님께 영광 돌립니다.

::

건강한 교회의 사역 구조는
사역을 잘 감당할 수 있게 격려하는
순기능을 가진다. 그러한 구조를 보면
융통성이 있고, 관계 지향적이다.

chapter 07

새로운 부흥의 물결로 교회를 혁신하라

사역 구조를
융통성 있게 **변혁하라**

●

오늘날은 사역 구조의 변화가 불가피한 시대에 와 있다.
통제 중심적인 사역 구조는 요즘처럼
획기적인 변화의 시대와 맞지 않는다. 교회의 사역 구조는
목적과 사역을 중심으로 한 현실적이며
실용적인 구조가 되어야 한다.

수직적인 구조에서 벗어나라

타 교회를 방문하거나 목사들을 대상으로 세미나를 하면서 종종 느끼는 것이 있다. 교회의 목회와 사역의 구조가 대단히 중요하다는 것이다. 사역 구조가 교회의 성장과 부흥에 걸림돌이 되는 경우가 적지 않다. 진부한 사역 구조와 열악한 사역 체계는 교회 발전에 발목을 잡

는다. 좋은 사역 구조는 교회의 비전을 뒷받침하고 건강한 교회로 나아가도록 하지만, 나쁜 사역 구조는 교회의 건강을 저해하며 성장을 막는다. 하나님 나라를 위해 일하는 사람들의 은사와 열정에 찬물을 끼얹고, 그들의 손발을 묶어 교회를 어렵게 만든다.

그러면 어떤 사역 구조가 건강하며 성장 지향적인 것일까? 무엇보다도 사역을 촉진시키고 사역의 열정을 만들어 주는 구조여야 한다. 즉, 사역 구조가 사역자들을 세워 주고 섬기는 형태다. 그러나 오히려 사람들이 사역 구조 자체를 떠받들고 섬기는 역구조를 가진 교회가 많다. 당회나 집사회에서 혹은 목회자가 사역을 통제하고, 시시콜콜한 결정까지 그들의 손을 거쳐야 하는 숨 막히는 사역 구조도 있다. 이러한 사역 구조는 결국 사역하는 사람들의 자발성과 헌신성을 막는다. 건강한 교회의 사역 구조는 사역을 잘 감당할 수 있게 격려하는 순기능을 가진다. 그러한 구조를 보면 융통성이 있고, 단순하며 관계 지향적이다.

한국 교회의 지난날 사역 구조는 수직적 구조 질서 속에서 모든 것이 통제를 받고 결재를 받는 형태였다. 그로 인해 자원봉사자들이나 교회의 일꾼들이 창조성이 제한되어 많은 좌절을 느끼다가 어느 순간 사역으로부터 물러서고 말았다. 그러한 통제적인 사역 구조에는 회의, 모임, 그리고 비판만이 가득하다.

오늘날 회사와 단체들도 이러한 구조로부터 변화되고 있다. 층층시하의 결재를 받는 구조로부터 단순화되어 팀 내에 모든 결재권을 위임하고 있다. 그러면 하부 구조가 융통성과 효율성을 발휘하여 생산을 배가시킨다. 성장 지향적인 구조는 일하는 데 기쁨과 자유함을 가져다준다.

교회라는 공동체도 마찬가지다. 대부분의 한인 교회는 사역 구조의 변화가 불가피하다. 통제 중심적인 사역 구조는 오늘날같이 획기적인 변화의 시대 상황과 맞지 않는다. 교인들의 자발적인 헌신에 찬물을 끼얹을 가능성이 많기 때문이다. 교회의 사역 구조는 목적과 사역을 중심으로 한 현실적이며 실용적인 구조가 되어야 한다. 사역에 대한 아무런 전문성이 없는 사람들이 그 책임을 맡고 감독이나 지시를 내리려고 든다면 누구도 그 사역에 동참하지 않을 것이다.

교회의 사역 구조는 비전과 사역의 효율성에 초점을 맞추어 구조 조정해야 한다. 의사 결정이 단순히 이뤄져야 하며, 모든 멤버의 역할이 명료하게 명시되어야 한다. 그저 명분 지향적인 구조는 용도 폐기되어야 한다. 물론 이러한 구조로의 변화에는 시간이 걸린다. 그러나 목회자들과 교회의 평신도 리더들은 인내심을 가지고 변화를 시도해야 한다.

또한 성도가 50명이던 시절과 100명인 시절, 그리고 200명, 500명인 시절마다 다른 구조가 되어야 한다. 현재 교회의 성장 상황에 따라 적절한 사역 구조로 변경해야 한다. 물론 사역 구조를 변경함에 있어 옛것을 한꺼번에 포기하고 새것으로 다 바꿀 필요는 없다. 그러나 시기에 따라 분명한 목표를 세워 나가는 여정을 시작해야 한다.

위원회, 정책, 규정에 따라 지나치게 구조화되는 교회가 너무나 많다. 목적, 비전, 사람을 중심으로 하는 사역 구조로의 여정은 진정한 공동체 의식을 세워 나간다. 그리고 많은 교인의 참여와 열정을 불러일으킨다.

> 명분을 내세우는 사역 구조는 용도 폐기되어야 한다. 효율적으로 구조 조정해야 한다.

교회는 프랜차이즈가 아니다

내가 늘 생각하는 목회 철학 중 하나는, 목회는 결코 프랜차이즈가 아니라는 것이다. 목회는 자기의 몸에 맞아야 한다. 많은 목회자들이 교회 성장 세미나, 셀 교회 세미나 등에 참석하고 흥분해서 돌아온다. 그리고 자기의 몸에 맞지 않는 목회의 사역으로 급격히 변신을 시도한다. 그러나 A라는 교회에서는 적용되었던 그 패러다임이 B라는 교회에는 적용되지 않을 수 있다. 교회마다 상황이 다양하고 목회자가 가진 은사가 다르기 때문이다. 이 외에도 교회 토양과 교인 문화가 다 다르다. 그러므로 남들이 한다고 따라서 하지 말아야 한다. 그 목회의 원리를 내 목회의 현실에 맞게 적용하는 지혜가 필요하다.

나는 우리 교회에 맞는 목회 구조와 사역 시스템을 나름대로 정착하게 되었다. 수많은 시행착오를 통해 교회에 맞는 목회의 옷을 고안하게 되었다. 소그룹 공동체와 팀 사역이라는 두 날개로 정리한 것이다. 또한 교인들을 양육하고 리더십 문화를 세워 나가는 훈련 시스템도 보완했다. 아울러 부목회자들이 자신의 은사를 살려 교인들을 특화시켜 양육하는 교육 그룹을 만들었다. 사실 이 정도면 충분하다. 교인들은 늘 무엇이 부족하다고 불평하지만 완벽한 제도와 구조란 존재하지 않는다. 시간이 흐르면 교인들이 싫증을 내기 때문이다. 교회 사역에서 프로그램을 조금씩 변화시키고 있지만 그 근본적인 골격을 바꿀 생각은 없다.

목회를 하면서 결국 남는 것은 비전 하나다. 그 비전을 위해 목회자가 모든 것을 헌신하고 희생할 때 교인들도 목회자를 보고 헌신하고 희생한다.

바울은 3차 전도여행을 마치고 고난이 기다리는 예루살렘으로 향했다. 많은 사람의 만류에도 불구하고, 체포되어 매질을 당하고 죽을지도 모르는 예루살렘을 향해 죽기를 결단하고 나아갔다. 왜 그랬을까? 목회자는 사도 바울이 가진 그 집념의 비전을 볼 줄 알아야 한다. 바울은 계속해서 하나님으로부터 음성을 들었다.

> "네가 예루살렘에서 나의 일을 증언한 것같이 로마에서도 증언하여야 하리라 하시니라"(행 23:11).

하나님으로부터 받은 비전 때문에 온갖 핍박과 고난이 기다리는 사역의 현장으로 나아간 것이다.

목회를 하다 보면 하나님으로부터 온 비전을 붙들고 씨름하게 된다. 그 비전으로 인해 때때로 수치심도 느끼고 아픔도 느끼지만 초지일관 사역의 길로 향해 달려 나간다.

얼마 전 "생수의 강"이라는 새로운 사역을 시작하고 식사하는 자리를 가졌다. 그 시간에 많은 분들이 자신에게 찾아온 하나님의 사랑과 은혜를 간증했다. 그 이야기를 들으면서 모두가 하나님의 살아 계심에 감격하게 되었다. 목회자의 가장 큰 기쁨은 하나님을 알지 못하던 인생이 하나님의 살아 계심을 고백하고 변화하는 모습을 보는 것이다. 영혼 구원의 열정이 우리 목회자의 비전 아닌가?

실망하고 있는 목회자와 평신도 리더들이여, 다시 한번 일어서자! 그리고 복음의 깃발을 들고, 이 장기 불황의 역경을 영혼 구원을 위한 하나님 나라의 확장으로 선용하자!

리더십 문화를 정착시키라

얼마 전에 어느 단체가 정기 총회를 하고 새로운 임원 명단을 보내왔다. 그 명단을 읽으면서 한숨이 절로 나왔다. 신임 회장이 오래전에 이미 몇 번 회장을 했던 사람이기 때문이다. "아니, 새로운 세대의 사람이 그렇게 부재한가?" 안타까웠다. 교회나 단체를 이끌고 나가는 사람들의 면목이 그 사람이 그 사람인 경우가 너무나도 많다. 물론 인재의 가뭄이 있는지도 모른다. 그러나 대부분의 경우, 사람들을 제대로 키우지 않아서 똑같은 얼굴이 고정 출연하고(?) 있다.

일꾼들을 훈련시켜서 다음 세대를 키워 나가는 리더십의 문화가 너무나도 중요하다. 한 세대가 사역을 하고 나면 다음 세대가 그 세대의 사역을 조금 더 발전시켜서 이어 가야 한다. 특정 세대가 수십 년을 변함없이 단체를 이끌어 간다면, 그 단체에 새로운 발전을 기대하기는 어렵다. 물론 이전 세대들이 리더십을 잘 발휘하지 않는다는 것은 아니다. 그러나 새로운 세대로의 순환을 위해 시간이 지나면 다음 세대로 리더십의 배턴을 자연스럽게 넘겨주는 것이 필요하다. 이번에 한국 교회에서 50대 목회자들에게 한국 교계 전체의 부활절 행사를 넘겨준 것이 화제가 되었다. 차세대가 지난 세대로부터 배턴을 이어받아 새로운 세대교체를 하는 모습이 아름다웠다.

교회도 마찬가지라고 본다. 우리 교회는 65세가 되면 시무장로도 자연스럽게 은퇴하는 분위기가 조성되어 있다. 헌법이나 내규에 규정되어 있는 것은 아니지만, 그 정도 나이면 다음 세대에 리더십을 이양하는 자연스러운 리더십 문화가 형성되어 있다. 또 우리 교단에서 시무하는 목사님들도 그 나이가 되면 자연스럽게 은퇴를 하고 계신다. 그렇게 리더십 순환이 자연스럽게 이뤄진다.

사실 요즘 65세면 아직 역을 감당할 수 있는 정정한 나이다. 그러나 다른 사람과 세대를 세워 사역하도록 하는 것이 자신들의 역할이라고 생각하고, 겸손히 자리를 물려주는 것이다. 이러한 세대 계승적인 리더십 가치가 교회 문화에 견고히 자리를 잡는다면 건강한 교회가 될 것이다. 시무장로로 은퇴한 후에도 교회 안팎에서 사역할 일이 얼마나 많은지 모른다.

어떤 교회에서는 리더십을 위한 워크숍을 1년에 두 번 정도 개최하면서 각 지도자들이 리더십 배턴을 선물로 받는다고 한다. 그리고 그 리더십의 배턴을 두고 기도하는 가운데 나의 리더십을 이어 갈 차세대 일꾼을 눈여겨보고, 그 세대를 축복하는 리더십 배턴 교환 축제를 갖는다고 한다. 자기의 사역을 이어 나갈 사람을 주시고, 그 사람을 키워 주는 은혜로운 사역 축제다.

교회나 모든 단체는 차세대 리더를 잘 양육하는 영적 인큐베이터의 역할을 감당해야 한다. 조금만 눈여겨보면 다음 세대의 보화 같은 리더십이 가득 차 있다. 나의 눈에는 그 현재 수준이 만족스럽지 않아 보여도 신뢰하고 맡겨 준다면, 언젠가 잘 감당하게 될 것이다.

많은 교회가 차세대 지도자 훈련에 심혈을 기울이지 않는다. 차세대를 영적으로 무장시키는 훈련을 하지 않으려고 든다. 직분에 대한 성경적인 훈련을 받지 못한 리더들이 졸속으로 교회의 전반적인 사역을 책임지고 감당하려다가 사고가 발생하는 경우가 얼마나 많은가?

주님의 교회와 주님이 몸담고 계신 단체를 리더십 훈련 센터로 만들어 가는 것은 오늘날 너무나도 시급한 과제다. 내일의 리더를 훈련시키는 리더십 문화가 정착되지 않는다면 교회와 사역 단체들의 미래는 불투명하다.

하나님은 오늘도 내일의 리더들을 키우며 훈련시켜서 하나님 나라를 세워 나가는 미래의 꿈나무로 사용하기를 열망하고 계신다!

교회는 늘 혁신해야 한다!

얼마 전 미니애폴리스에서 미국 장로교 복음주의자 모임이 있어서 다녀왔다. 약 2,000명의 목회자들과 평신도 지도자들이 같이 모여 기도와 찬양을 하고 말씀을 듣는 가운데 미국 장로교를 향한 하나님의 음성을 듣는 역사적인 일이 일어났다. 눈물이 나도록 감격적인 은혜가 넘쳐 났다. 왠지 힘을 잃어 가는 미국의 주류 교단을 향한 변화의 몸부림이었다.

미국의 주류 교단은 과거의 영화를 잃어버리고 있다. 급변하는 세상에서 지난날의 수구적인 모습을 고집하다가 그만 성장을 멈추고 있다. 교인들의 진정한 필요를 외면한 채 공룡같은 관료적인 모습을 고집하다가 젊은 세대에게도 외면당하고 말았다. 사회적인 분위기에 지나치게 편승하여 복음의 역동성이 퇴색하고 있다. 이번 모임은 성경의 해석 문제로 인해 성서의 권위가 흔들려서는 안 되겠다는 복음주의자들의 의지가 담긴 모임이었다.

역사는 반복되는 것 같다. 콜로라도의 짐 싱글톤 목사는 1789년에 미국 장로교에 쏟아져 들어온 세속주의에 반기를 들며 교회의 개혁을 외쳤던 당시 총회장의 편지를 낭독했다. 모두의 마음이 숙연해졌다. 어쩌면 그때나 지금이나 유사한 상황이 펼쳐지고 있는 것 같다. 교회 안팎에 세속주의의 물결이 흘러 들어오면서 교회가 위기를 겪었다. 그러나 그것은 교회의 개혁으로 이어졌다. 오늘날 미국에 만연한 세속적인 파도는 교회의 순결과 부흥을 저해하고 있다. 그러나 여기서 주저앉을 수는 없다. 오히려 교회가 이 위기의 파도를 타고 혁신으로 나아가야 한다는 절박한 마음이 일어난다.

"주님이 원하시는 교회는 어떤 교회일까?"라는 주제로 강사들의 발표가 있었다. 무엇보다도 주님이 기뻐하시는 교회로 회복하자는 각성이 넘쳤다. 교회가 무엇인지, 그 교회의 정체성을 바르게 설정하는 본질론이 방법론보다 선행되어야 함을 강조했다. 예수님이 구주 되심을 고백하는 신앙고백적인 내용, 성령님을 높여 드리는 성령의 역동성, 하나님의 살아 계심을 확신하는 믿음, 선교적인 교회로 나아가는 비전 등에 대해 경청하며 다시 한번 미국 장로교의 희망을 확인했다.

참가자들이 190개의 소그룹으로 나뉘어 발제된 주제를 놓고 열띤 토론을 했다. 소그룹에서 나온 중요한 질문들은 바로 전체 토론에서 발제되어 다시 한번 정리되는 수준 높은 토론 문화를 보이기도 했다. 내가 속한 소그룹에는 두 분의 여자 목회자와 장로, 평신도, 은퇴 목회자 등 다양한 사람들이 있었다. 그들은 한인 교회의 복음주의의 열정과 분명한 신앙 고백에 깊은 인상을 받았다며 감사해했다.

무엇보다도 이번 모임을 통해 확인한 것은, 교회의 일차적인 사명은 세상을 구원하시는 예수 그리스도의 복음을 올바로 선포하는 일이라는 것이었다. 오늘날 미국에 일고 있는 영적인 위기를 바라보며 우리가 할 일은 신학적인 논쟁이 아니라, 하나님의 바른 선교를 묵묵히 실천해 나가는 선교적 교회로 나아가는 것이다. 기독교가 신앙고백적인 말씀과 기도, 예배에 힘쓸 때 사회 변혁에 큰 영향이 미쳤음을 역사적으로 되돌아보았다. 또한 한인 교회는 숫적으로는 상대적으로 소수지만, 한국 교회 특유의 깊은 기도의 영성과 선교의 뜨거움으로 미국 주류 교회에 충격을 주고 변화시키는 역할을 감당할 수 있음을 발견했다.

이번 모임은 미국 장로교단 안에 복음주의 교회의 네트워크를 형성하고, 교회 본연의 사명에 충실하고자 하는 몸부림이자 함성이었다. 교회는 항상 개혁해야 한다. 그 개혁의 정신을 잃어버릴 때 교회는 복음으로부터 멀어지고 말 것이다. 모든 교회가 다시 한번 교회 본연의 사명과 메시지를 들고 이 변화무쌍한 세상으로 나아가야 한다!

독특한 교회로 나아가는 것이 승부의 관건이다

최근에 우리 교회는 평신도 리더들과 교역자들이 함께 모여 교회의 미래를 나누는 콘퍼런스를 가졌다. 1박 2일 동안의 짧은 일정이었지만 매우 의미 있는 모임이었다. 특히 이민 교회에 몰려오는 커다란 지각 변동에 대한 거시적인 진단을 하게 되었다. 세속주의의 파고가 어느 때보다 높다는 공동의 인식을 갖게 되었다. 기술지향 사회로 인해 현대인들이 심취하는 정보 문명이 교인

> 교회는 항상 개혁해야 한다. 그 개혁의 정신을 잃어버릴 때 복음으로부터 멀어지고 말 것이다.

들의 영성을 갉아먹는 치명적인 바이러스가 될 수 있다는 심각한 우려를 나타냈다.

영주권자가 현저히 줄어들고, 단기체류자가 증가하는 것은 이민 사회의 새로운 조류가 될 것이라고 진단했다. 한때 매년 2만~3만 명씩 미국으로 유입되던 영주권자들의 실질적인 감소는 미래의 이민 교회의 우울한 기상을 예측해 볼 수 있는 큰 그림이라고 예견했다. 반이민법 같은 반이민자 환경도 이민 교회의 미래에는 부정적인 요인으로 작용할 것이라고 했다. 경기 침체와 경제 불안은 이민 교회의 장기적인 불황 요인이 될 것이라는 진단도 나왔다. 장기적인 계획을 세우기가 힘든 목회 환경인 것이다.

그러나 기회의 요소도 적지 않다는 의견이 나왔다. 경제적 위기는 반드시 교인의 믿음을 흔드는 부정적인 요인이 아니며, 오히려 부흥의 계기가 될 것이라는 믿음의 진단도 있었다. 교단의 중앙집권적인 통제력이 약화되면서 개교회의 활발한 지역 사역이 강화되고 있는 측면도 이야기했다. 지구촌 시대를 맞이하여 한국 기업이 유입되고 유학생들이 눈에 띄게 늘어나는 긍정적인 측면도 제기했다. 내가 사는 애틀랜타에는 학부 유학생들이 많이 늘어났다. 어느 대학에는 한국계 학부 학생(유학생 포함)의 숫자가 무려 1천 명에 달한다는 통계가 나와 있다. 새로운 캠퍼스 사역의 가능성을 예측할 수 있다.

"이처럼 위협과 기회가 공존하는 목회 환경 속에서 교회는 어떤 사역의 비전을 가질 것인가?"에 대한 활발한 토의가 있었다. 콘퍼런스에서 발표된 자료를 검토하면서 이럴 때일수록 지교회의 독특한 교회론과 문화의 정체성을 가지고 사역해야 한다는 결론을 내리게 되었다.

오늘날 교회에 닥치는 변화의 강도가 너무나도 강력하기 때문에 지난날의 목회 방식으로는 도저히 효과적으로 대응할 수 없는 것이다. 지난날의 성공 신화에 매달려 있을 수도 없다.

이러한 문화의 소용돌이는 우리로 하여금 교회의 정체성에 대해 깊이 생각하지 못하게 만드는 블랙홀이 될 수 있다. 이제는 교인들끼리도 세대 간에 너무 깊은 문화의 차이를 드러내고 있기에 공유된 DNA를 만드는 것이 쉽지 않은 세상이 되었다. 교회가 문화에 대한 재빠른 해석과 적용으로 첨단 사역을 만들어 가는 것도 중요하다. 그러나 거기에 정신없이 매달리다 보면 하나님이 원하시는 교회의 본질을 놓치기 쉽다. 어떤 교회는 오히려 반작용으로 문화적인 변혁을 이해하고 수용하기보다는 저항하고, 폐쇄적인 교회 전통에 안주해 버린다.

이러한 때일수록 교회마다 창의적인 사고와 부단한 자기 인식을 통해 독특한 사역 모델을 만들어 가는 것이 필요하다. 대형 교회의 교회 성장형 콘퍼런스에 몰두해서 그 성장 자료를 지교회의 토양도 검토해 보지 않고 시도해 보려다가 낭패를 당하는 경우가 얼마나 많은지 모른다. 대표적으로 윌로우크릭교회, 새들백교회의 성공 사례가 강력한 모방의 유혹을 안겨 준다.

> 교회마다 창의적인 사고와 부단한 자기 인식을 통해 독특한 사역 모델을 만들어 가는 것이 필요하다.

모든 교회는 자신만의 독특한 DNA를 가지고 있다. 아울러 지역마다 다른 기회와 위험 요소를 가지고 있다. 목회자들과 평신도 리더들이 함께 이러한 요인을 차분히 분석하고 기도하면서 자신의 교회만의 창조적인 목회 사역을 계획하는 것이 절실한 시점이다.

당신의 교회만이 갖는 독특함과 사역의 DNA는 무엇인가?

 창의적인 변화가 필요한 시대

❶ 교회마다 상황이 다양하고 목회자가 가진 은사가 다르다. 그러므로 남들이 한다고 따라서 하지 말아야 한다.

❷ 새로운 세대로의 순환을 위해 시간이 지나면 다음 세대로 리더십의 배턴을 자연스럽게 넘겨주는 것이 필요하다.

❸ 문화의 소용돌이 속에서 교회는 창의적인 사고와 자기 인식을 통해 독특한 사역 모델을 만들어야 한다.

::

목회자로서 가장 중요한 정체성은
하나님으로부터 부르심을 받은
종이라는 것이다. 이 출발점에서
벗어나면 문화적인
다양성과 상황의 노예가 되고 만다.

chapter 08

새로운 부흥의 물결로 교회를 혁신하라

목회자 자신부터 먼저 **혁신하라**

●

역경과 고난 가운데서 오직 필요한 것은, 살아 계신 하나님을 믿고
그 하나님께 내 인생과 미래를 맡기는 신앙이다.
목회자는 성도들로 하여금 혼돈과 위기의 늪 속에서도
하나님께 내 삶을 맡기는 믿음의 삶을 살아가도록 도전해야 한다.
이것이 절망과 위기의 시대에 목회자들이 해야 할 영적 책임이다.

목회자는 영적 책임을 통감해야 한다

목회를 하면서 누리는 목회자로서의 작은 특권이 있다. 그것은 성도
들로부터 수많은 인생의 사연을 진솔하게 경청할 수 있는 기회가 생긴
다는 것이다. 그것은 특권이기도 하지만, 어떤 각도에서 보면 그 숱한
인생의 사연들을 들으면서 아픔도 느껴야 하는 고통의 자리다. 그 고

통의 사연을 안고 기도할 때 목회자로서 마음이 우울할 때가 있다. 아울러 목회자로서 안고 있는 영적 책임을 통감하게 된다. 그것은 성도들에게 역경과 시련을 바르게 바라보고 극복하는 성경적 믿음을 제시해야겠다는 다짐이다.

어떤 성도는 이민 생활을 하면서 지나치게 일을 많이 하다가 건강을 상실한다. 경제 사정이 나빠지면서 부부 관계가 악화된 이들도 있다. 오랫동안 애착을 가지고 하던 사업을 돌연 잃기도 한다. 아이들을 데리고 홀로 교육 이민을 와서 고독한 삶을 보내는 이들도 적지 않다. 한국을 떠나 살면서 향수병에 빠지기도 한다. 자녀들의 탈선으로 슬픔을 느끼고, 불임으로 인해 한나처럼 부르짖는 기도를 드리는 이도 있다. 불안과 스트레스로 불면의 밤을 지내는 이도 있고, 남편의 외도로 마음에 상처를 받은 이도 있다. 배우자와 뜻이 안 맞아 불행한 결혼 생활을 하기도 한다. 이루 헤아릴 수 없는 다양한 문제, 위기, 역경 가운데 우리의 인생은 엮이고 있다.

이러한 위기와 고난의 홍수 가운데 살아가는 인생의 모습을 보면서 인간의 영혼과 삶이란 절대로 단순하지 않다는 진리를 깨닫게 된다. 우리의 삶은 결코 쉽지가 않다. 우리의 인생은 결코 단순하지가 않다. 인간의 영혼과 삶은 어찌해 볼 도리가 없을 만큼 복잡하게 얽히고설켜 있다.

우리는 개인적이고 가정적인 인생의 위기와 역경 외에도 국가적인 위기도 맞이하게 된다. 오늘날 지구촌에 만연한 위기의식이 바로 그것이다. 미국이 직면

> 위기와 고난의 홍수 가운데 살아가는 인생의 모습을 보면서 인간의 영혼과 삶이란 절대로 단순하지 않다는 진리를 깨닫게 된다.

하고 있는 경제 불황이 우리를 답답하게 만든다. 최근 더블 딥(Double Dip: 경기 침체 후 잠시 회복기를 보이다가 다시 침체에 빠지는 이중침체 현상)이라는 새로운 경제 불황이 우리의 목을 죄어 가고 있다. 미국의 천문학적인 부채는 미래 세대에게 큰 짐이 될 것이다. 미국이 지향하는 가치관의 혼돈, 가치관의 아노미(Anomia)는 믿는 사람들을 심히 불안하게 만든다. 아울러 지구촌의 환경적인 재앙은 점점 그 강도가 강해지고 있다. 미국 동북부를 강타했던 지진은 동부 지역도 이제는 지진의 안전지대가 아님을 실감하게 했다. 앞으로 어떤 재앙이 이 지구촌을 흔들지 예측할 수 없다. 경제, 정치, 환경 어느 것 하나 위기 상황이 아닌 것이 없다.

그러나 곰곰이 생각해 보면 지나간 인간의 역사도 위기와 역경의 연속이었다. 성경은 얼마나 많은 인간의 위기와 역경의 사례를 다루고 있는지 모른다. 인간은 위기와 불황을 항상 염두에 두고 살아야 한다. 성경은 인간의 위기와 불황이 오히려 영적 각성과 혁신의 계기가 된다고 충고한다. 문제와 불황 가운데서 인간은 하나님의 구원 역사를 체험하는 은총의 기회를 맞이한다.

역경과 고난 가운데서 오직 필요한 것은, 살아 계신 하나님을 믿고, 그 하나님께 내 인생과 미래를 맡기는 절대 신앙의 삶이다. 목회자는 성도들로 하여금 혼돈과 위기의 늪 속에서도 하나님께 내 삶을 맡기는 믿음의 삶을 살아가도록 도전해야 한다. 이러한 성경적 믿음을 흔들리는 성도들에게 심어 주는 것이 오늘날과 같은 절망과 위기이 시대에 목회자들의 가장 큰 영적 책임이 되어야 한다.

하나님, 이 격변의 시대에 목회자들이 영적 책임을 다하도록 지혜를 주옵소서!

목회자로서 고난의 길을 기쁘게 걸으라

"목회자로 살아간다는 것은 무엇일까?" 때때로 자신에게 끊임없이 질문하게 된다. 목회자로서의 역할이 쉽지 않은 세상에서 살기 때문이다.

목회자로 살아간다는 것은 무엇보다도 다중적인 역할을 감당하며 인내하며 처신함을 의미한다. 때로 목회자란 장례를 치르고 결혼식 주례를 해 주며 아기들에게 세례를 베푸는 등 예전적인 사역을 해야 한다. 교인들의 인생에서 가장 중요하고 의미 있는 시간, 성스러운 시간과 접촉하며 살아가야 한다. 그런 사역을 감당할 때마다 가운을 입고 의례적인 입장에서 그들의 삶을 만지게 된다.

목회자에게는 설교와 성경 공부를 잘 준비하여 선포하고 학습시키는 설교자와 교육자로서의 역할도 있다. 나는 이 설교와 교육의 사역이 가장 즐겁다. 말씀을 준비하여 교인들에게 전하는 설교자로서의 희열과 감동이 내겐 무척이나 크다. 하나님의 말씀을 잘 준비한 날이면 서둘러 강단에 뛰어오르고 싶은 충동이 들기도 한다. 속히 이 말씀을 전하고자 하는 마음에서다. 설교를 준비하면서 때로 주일 새벽까지 씨름하며 따끈따끈한 설교를 전해야 하는 절박한 시간도 있다. 그러나 성경을 선포하고 가르치는 것은 내겐 큰 기쁨 중 하나다. 말씀 앞에 서서 몇몇 교인들과 도란도란 대화하며 하나님의 진리를 깨달아 가는 것이 목회의 크나큰 보람이다.

목회자는 또 상담자다. 교인들은 여러 가지의 문제를 가지고 목회자에게 도움을 청한다. 부모의 문제로부터 자녀의 문제, 사업의 문제, 다른 교우와의 갈등, 시시콜콜한 세상 문제에 이르기까지 어떻게 하면

좋을지 조언을 구한다. 어떤 것은 도저히 해답을 줄 수 없는 것도 있다. 그러나 목회자로서 교인들의 고통과 해결되지 못한 문제를 들어 주는 것만으로도 그들에게 치유가 됨을 잘 알고 있다. 그러기에 시간적 부담은 있어도 교인들이 하는 이야기를 경청하고 아픔에 공감하며 그들의 이야기에 귀를 기울이려고 노력한다. 시간이 많이 걸리지만 결코 소홀히 할 수 없는 사역이다.

목회자는 또한 경영자이기도 하다. 교회가 운영되는 것을 보고받으며, 중요한 결정에 참여한다. 교회를 증축하는 일부터 교역자를 충원하는 문제까지 행정적인 문제에 개입하게 된다. 당 회원들과 머리를 맞대고 교회 행정에 대해 장시간 의논하기도 한다. 때로는 싫은 소리가 오고 갈 수도 있고 서로 다른 견해로 충돌이 일어날 수도 있다. 교회는 영적인 요소가 있지만 경영적인 요소도 존재하므로 목회자의 경영적 마인드가 불가피하다. 이런 경영적인 리더십은 늘 부담이 되지만 그렇다고 회피할 수는 없는 것이다. 그런 경영적 요인을 하나님의 지혜로 어떻게 해결할지 마음에 기도 제목으로 남아 있다.

목회자는 지역 사회의 책임 있는 인사가 되기도 한다. 내가 속한 귀넷카운티의 상공회의소에서 신년 모임에 기도해 달라고 요청이 들어오기도 한다. 둘루스 시에서 내 의견을 묻기도 한다. 한인회에서 참여를 요청받기도 한다. 한인회와 협력하여 한인 지역사회를 더 좋은 사회로 만드는 것도 목회자의 중대한 역할이다.

목회자의 역할은 예전을 집행하는 집례자로부터 설교자, 성경공부 인도자, 상담자, 경영자, 책임 있는 지역사회 인사에 이르기까지 실로 광범위하고 다양하다. 신학교에서는 이러한 다양하고 변화무쌍한 역할을 준비하고 책임 있게 사역하도록 충분한 교육을 받지 못했다. 그저 목회를 하는 동안 예전보다 조금씩 지혜를 더해서 대처해 나가고 있다.

이처럼 다양한 목회의 정체성과 역할에도 불구하고 목회자로서의 가장 중요한 정체성은 역시 하나님으로부터 부르심을 받은 종이라는 사실이다. 목회자로서 가장 분명한 정체성은 하나님과의 관계로부터 출발해야 한다. 이 출발점에서 벗어나기 시작한다면 목회자는 문화적인 다양성과 상황의 노예가 되고 만다. 내 정체성이 문화적인 세상의 압력으로 희미해지고 만다.

그러므로 목회자가 늘 확신하고 깨달아야 하는 것은 하나님이 나를 부르셔서 그 모든 일을 맡기셨다는, 하나님과의 관계적인 정체성이다. 예전보다 이러한 근본적인 정체성에 대해 더 많이 고민하게 되고 더 많이 묵상하게 된다. 이를 위해 새벽마다 무릎을 꿇고 기도한다. 그것이 나를 진정한 목회자로 만드는 정체성의 기반이기도 하다!

목회는 험난한 여정이다

미국 사람들의 입에 오르내리는 대통령을 빼놓고 가장 힘든 세 자리가 있다고 한다. 대학교 총장, 병원 원장, 그리고 교회 목사라고 한다. 이 자리는 가장 많은 공적 비난과 소송을 당하며, 자신의 의지와 상관없이 물러나야 할 위험 요소가 가장 높다고 한다. 최근에 어느 교단 총회에서 설교하면서 내가 겪은 목회의 위기와 고통을 나누었다. 많은 목회자들이 내 손을 잡고 동감을 표현했다. 어느 목회자는 자신이 현재 그런 시간에 처해 있다면서 울먹거리기도 했다. 왜 목회자의 리더십은 이렇게 힘들고 험난한 것일까?

세상에 목회자만큼 힘든 자리가 있을까? 목회자가 아무리 설교를 잘해도 교회의 리더들과 마찰을 빚으며 결국 사임하는 경우를 보게 된다. 영성은 깊은데 평신도 리더와의 관계로 인해 파국을 겪는 목회자도 만난다. 목회자처럼 다양한 사람들과 관계적인 리더십을 맺어야 하는 사람이 또 있을까?

오늘날 목회자는 극심한 변화의 시대에 살고 있다. 그러므로 목회자는 변화에 대처하며 능동적으로 교회를 이끌어 가야 한다. 교회가 겪는 변화에 무감각해서는 안 된다. 그러나 목회자는 변화에 저항하는 다수의 교인을 대하게 된다. 반면에 변화를 지향하는 또 다른 교인들로부터 변화의 압력을 받는다. 때때로 샌드위치처럼 중간에 끼어 고통을 당한다.

목회 리더십에는 어떤 공통의 방정식이 있는 것이 아니다. 목회란 상황적이며 유동적이다. 특정 교회에서 성공을 거둔 목회가 다른 교회에서 동일한 성공을 거두리라고 보장할 수 없다. 한국에서 성공한 목회자들이 미국 이민 교회에서는 고전을 면치 못하는 것을 보게 된다. 한국적인 리더십이 이곳 이민 교회에 제대로 적용되지 못하기 때문이다. 다른 교회에서 성공한 목회 패러다임이 내가 목회히는 교회에서는 통하지 않는 변수가 있기 마련이다. 목회는 맥도날드 같은 체인점이 아니다. 목회자는 수많은 목회의 변수를 고려해야 하기 때문에 그 리더십의 역할이 복잡하기만 하다.

목회자에게는 드러나지 않은 개인적이고 가정적인 문제가 도사리고 있다. 존 웨슬리나 에이브러햄 링컨같이 훌륭한 목회자와 정치가에게도 약처가 있었다. 빌리 그래함이 세계적인 부흥사로 전 세계를 누비는 동안 그의 아들 프랭클린은 탕자로 살아가며 아버지에게 형용할 수 없는 아픔을 안겨다 주기도 했다. 목회자들이 겪는 다양한 종류의 가정적이며 개인적인 문제를 교인들이 어떻게 이해하기를 바랄 수 있을까? 신체적인 질병, 부부간 불화, 목회의 가시가 되는 자녀의 문제 등 목회자의 발목을 잡는 아킬레스건이 얼마나 많은지 모른다.

미국 목회자들의 5%만이 자신에게 영적 리더십이 있다고 확신한다고 한다. 많은 목회자들이 사임하고 싶은 유혹을 받을 때가 얼마나 많은지 모른다. 우울증에 처해 있는 목회자, 부진한 교회 성장으로 목회를 포기하고 싶은 목회자, 지나친 재정 부담으로 마치 채무자가 된 것 같아 전전긍긍하는 목회자들도 있다.

사실 목회란 외부의 눈이 평가하는 것만큼 쉬운 일이 아니다. 말씀과 기도로 간단히 끝나는 것이 아니다. 교회의 성공과 실패에는 교단, 신학, 목회자, 평신도 리더, 교회 건물, 프로그램, 음악, 설교, 교인들의 영적 수용성, 2세 사역, 예배 시간, 재정, 주차장 환경 등 실로 다양한 변수가 도사리고 있다. 목회자에게는 복잡한 변수와 싸워 그 변수를 숙지하고 분석하고 우선순위를 매기며 해결하는 리더십이 대단히 중요하다. 목회에 간단한 해결책이 존재하면 얼마나 좋을까 생각해 본다. 목회는 끊임없이 하나님의 은혜를 구하며 자기 학습을

> 목회는 끊임없이 하나님의 은혜를 구하며 자기 학습을 하며 리더십을 개발시키는 복합적인 사역이다.

하며 리더십을 치열하게 개발시키는 복합적인 사역이다.

이민 목회는 특별히 이민이라는 광야의 삶을 전제로 하고 있다는 점에서 모국 목회와 차별화된다. 이민자들은 미래에 대한 불안, 한국에서 가졌던 사회적 지위를 누리지 못하는 데서 오는 박탈감, 좌절감으로 뭉쳐 있다. 자녀들의 양육, 이중 문화와 이중 언어에 대한 고충 등으로 정서적으로 매우 불안한 상태다. 교회마다 분쟁이 심하고 분열이 일반화되어 있다. 교인들 간에 불화와 갈등이 심각하다. 이런 목회 상황에서 이민 교회를 세워 나가기 위해서는 깊은 영성과 끊임없는 인내, 리더십의 치열한 훈련이 뒤따라야 한다. 그렇지 않으면 교인들과의 사소한 갈등과 마찰로 쉽게 탈진하며 쓰러지기가 쉽다.

안수받을 때의 감격을 잊지 마라

교회에 많은 행사가 있지만 가장 감격스러울 때는 교인들을 장로나 집사로 안수할 때다. 얼마 전에 제직들을 장로와 안수집사로 세우는 임직 예배를 드렸다. 그들의 이름을 부르고 그들의 서약을 받고 그들을 강단에 세웠다. 그리고 목회자들과 이미 안수를 받은 장로들이 무릎을 꿇은 그들의 머리 위에 손을 얹고 안수 기도를 드렸다. 참 감동적인 순간이었다. 안수받은 그 순간 무슨 요술 같은 능력이 임재하는 것은 아니었다. 그러나 그들은 교회의 선한 일꾼으로 부르심을 받는다. 그 순간만큼은 지순함과 하나님을 향한 충성심으로 가득 찬 선한 일꾼의 마음을 가지게 된다.

8주 동안 임직될 제직들을 강하게 훈련시켰다. 또 시험도 치르게 했다. 교회론과 청지기론 등의 광범위한 교육이 이뤄졌다. 제직을 잘못 세우면 교회와 교인들이 얼마나 고통을 받는지 선배 목사들에게 귀가 닳도록 들어 왔다. 그래서 전쟁과 같은 훈련을 치르게 했다. 훈련을 받는 제직들이 그 8주 동안 공부한다고 입에 물집이 터지는 고통을 감수하는 것을 보면 다소 미안한 마음이 들기도 한다. 마침내 그들이 안수를 받을 때 목사의 심정은 감격하지 않을 수 없다. 이렇게 세운 제직들이 교회를 건강하게 세우는 좋은 일꾼이 되기를 바라는 마음이 간절하기만 하다.

나는 안수 받던 그날을 잊을 수 없다. 미국 장로교단에서 안수를 받으면서 꽤 까다로운 과정을 통과했다. 한인 목회자들이 그리 많지 않던 시절에 미국 노회에서는 여러 가지 어려운 시험과 인터뷰를 요구했다. 그 과정을 마치고 마침내 안수를 받던 날, 너무나 큰 감동이 밀려왔다. 하나님의 은혜와 사랑이 밀려오면서 하나님의 부르심을 경험했다. 이때 받은 성경에 이런 글을 썼다.

"하나님, 나를 당신의 도구로 쓰소서. 나를 버리지 마소서. 주께서 나를 떠나시면 나는 멸망할 수밖에 없나이다."

종종 이 말을 겸손히 되새기며 목회의 처음을 잊지 않으려고 한다. 우리가 안수를 받는 것은 단순한 직업으로의 부르심이 아니라 하나님의 거룩한 소명이다. 하나님이 친히 우리를 안수해 주신 것이다. 그러므로 안수받을 때의 초심을 잊지 말고 겸손히 목회해야 할 것이다.

나는 한때 한 교회의 임시 당회장 역할을 한 적이 있다. 그 전 주에 안수 받고 막 장립한 장로가 첫 당회에 참석했다. 그 신입 장로가 첫 당회에 나오자마자 별것 아닌 일 가지고 고함을 지르는 것을 보고 충격을 받은 적이 있다. 안수받은 것을 무슨 벼슬한 것으로 착각했는지, 어처구니없는 리더십의 모습을 보면서 이민 교회의 앞날을 슬퍼했다. 결국 그 교회는 몇 번의 공중분해를 거쳐 흔적도 없이 사라지고 말았다.

안수를 받는 것은 특권이나 권력을 받는 것이 아니다. 그것은 십자가를 지고 섬김의 길로 걸어가는 거룩한 순례의 여정이다. 우리는 진정 섬김의 종이 되어야 한다. 안수받은 목회자, 장로, 집사들은 모든 교인을 행복하게 하고 하나님의 사람으로 양육하는 바른 섬김의 리더십을 실천해야 한다.

하나님이 당신의 머리에 손을 얹으셨던 그 처음 순간을 잊지 말아야 한다! 하나님 나라의 사역을 위해 구별하여 세우신 그 순간을 망각해서는 안 된다. 성실과 은혜로 섬김의 직분을 감당할 때 그 안수의 직분은 영광의 직분이 된다. 겸손히 하나님만을 의지할 때 그 직분은 능력의 직분이 된다. 그 직분으로 인해 자손만대의 복을 누리게 된다. 나를 불러 안수하신 하나님을 실망시키지 말아야 한다.

마라톤을 뛰는 심정으로 달리라

얼마 전에 본 교회에서 만 17년을 사역한 주일을 맞아 감회가 깊었다. 새벽기도 시간에 지난 세월을 하나님 앞에 아뢰며 감사 기도를 드렸다. 인생에서 가장 중요한 40대, 50대를 이 교회에서 보낸 것이다. 17년이 마치 흐르는 물과 같이 한순간에 흘러갔다. 오직 하나님의 은혜이며 사랑이었다. 하나님이 붙들어 주시지 않으면 감당할 수 없는 격랑과 위기의 순간이 있었고, 감격과 보람의 시간도 있었다. 돌이켜 보니 하나님의 인도하심이 지난 목회 여정에 분명히 존재함을 확신하게 되었다. 어느 때부터 한 교회에서 오래 목회를 감당하고 아름답게 은퇴하시는 분들을 볼 때마다 마음에 감동을 느끼게 되었다. 한 교회에서 장기 목회를 한다는 것이 쉬운 일이 아님을 깨달았기 때문이다.

예전에 목사는 세 가지 각오를 해야 한다는 말이 고전적 정설처럼 돌았다. 첫째는 굶을 각오를 하라, 둘째는 언제든지 그 교회를 떠날 각오를 하라, 셋째는 순교자의 심정으로 목회를 각오하라는 것이다. 그러나 둘째 항목인 그 교회를 떠날 각오를 언제든지 하라는 것은 현실적으로 지혜로운 자세는 아니라고 본다. 물론 목회자가 목회에서 중대한 실수를 범할 때는 언제든지 책임을 지는 것이 옳다. 그러나 목회자가 자주 교회를 옮기는 것은 성도들과 그 교회에 유익하지 않다는 결론을 내리게 되었다. 현실적으로도 유능한 목회자가 아니고서는 교회를 옮겨 다니는 것이 쉽지 않은 세상이 되었다.

무엇보다 한 목회자가 교회를 잘 파악하고 진단하여 그 교회에 맞는 목회의 구조를 갖출 때까지는 적어도 5년 이상이 걸린다. 교인들의 영적 상태와 그 교회의 체질까지 심층적으로 꿰뚫어 보는 데는 그 이상의 상당한 시간이 걸린다. 교회는 크기와 규모를 떠나서 영적인 구조와 상황이 복합적이기 때문이다. 또 목회자가 자신의 목회 리더십을 개발하여 보다 생산적으로 이끌어 가기 위해서는 적어도 10년 이상을 투자해야 한다. 그때부터 목회자가 자신의 확고한 목회 철학을 가지고 교회에 맞는 목회 계획을 소신 있게 추진할 수 있기 때문이다. 성장한 교회의 대부분은 10년 이상 목회한 목회자들이 그 리더십의 중심에 서 있다.

장기 목회를 하려면 마라톤처럼 뛰어야 한다. 마라톤은 에너지를 잘 배분하고 관리하는 것이 중요하다고 한다. 마라톤 경주에는 주기적인 고비가 찾아오기 때문이다. 목회도 마찬가지다. 장기 목회를 하는 가운데 주기적으로 목회자에게 위기와 갈등이 찾아오게 된다. 그때 마음을 비우고 다시 한번 초심으로 돌아가 사명과 비전을 세워 일신하는 목회를 해야 한다.

선배 목회자들이 은퇴를 앞두고 복합적인 심사가 드는 것을 고백하는 것을 들었다. 목회자들이나 장로들이 이륙을 할 때 덕을 끼치고 정리하는 심정을 갖는 것은 매우 중요하다. 그래야 그 교회가 또 다른 도약을 하는 계기가 되기 때문이다. 마라톤 선수가 결승점에 도달할 때까지 자신의 페이스를 오버하지 않는 것은 또 얼마나 중요한가?

교회는 급속한 성장을 보일 때도 있고, 완만한 성장으로 들어갈 때도 있다. 정체하는 시간도 찾아오고, 후퇴를 하고 침체할 때도 있다. 지역의 인구학적인 변화로 구조적인 변화가 불가피한 것이다. 교회의 갈등과 내분으로도 그런 시간이 온다. 목회자는 교회의 성장 주기에 따라 압력과 스트레스를 너무 많이 받아서는 안 된다.

무언가 반짝하는 목회보다는 자신의 목회 철학을 일관성 있게 펼쳐나가는 성실한 목회가 장기 목회를 가능하게 한다. 하나님이 보시기에 아름답게 목회할 때 반드시 하나님의 은혜가 함께한다. 오늘도 사람을 기쁘게 하기보다는 변함없이 그리스도의 종이 되어 장기 목회를 하는 성실한 주님의 종들에게 축복을 보내자!

풍성한 간증을 만들어 내라

나이가 들수록 시편이 좋아진다. 시편에 대한 느낌이 더 깊고 새로워진다. 시편을 잘 음미해 보면, 한 편 한 편마다 삶의 깊은 고백이 담겨 있음을 느낀다. 시편 기자의 찬양은 하나님의 살아 계심을 고백하는 인간의 지각적 서사시라고 볼 수 있다. 시편 기자는 자신의 삶의 체험을 하나님과의 관계 속에서 글로, 노래로 표현하고 있다. 다윗의 깊은 내면에 흐르는 하나님에 대한 경험의 이야기가 시편에 농축되어 있다. 하나님은 우리가 체험한 하나님의 영광과 은혜를 표현하기를 원하신다. 그러한 표현을 통해 하나님이 진정 하나님 되심을 인정하고 받아들이기 때문이다. 이러한 표현과 지각 능력은 일종의 영성이라고 할 수 있다.

간증, 고백, 찬양, 기도는 다 하나님의 살아 계심을 표현하는 영성의 모습이다. 나는 목회를 하면서 간증을 사랑하게 되었다. 간증을 통해서 하나님의 살아 계심을 확신하기 때문이다. 간증은 내 믿음의 고백이며, 내 삶에서 하나님이 간섭하시는 증거다. 나의 신앙 여정 가운데 어느 날부터 간증이 생겨나기 시작했다.

예수를 믿고 하나님의 은혜를 체험하면서 얼마나 숱한 간증이 흘러나오기 시작하는지 모른다. 목회를 하면서 성도들의 간증을 들을 때마다 눈물이 난다. 그들이 그 자리에 이르기까지 얼마나 많은 의심과 회의의 터널을 통과했을까? 간증하시는 분들을 보면 절로 은혜가 된다. 그들이 간증할 때의 표정과 진지함은 듣는 이들의 가슴을 열게 한다. 어떤 사람은 간증하는 것을 망설인다. 겸손함 때문에 혹은 내 어설픈 신앙을 나눈다는 부끄러움 때문에 그런 것이다. 그러나 나의 신앙 경험을 다른 사람과 공유한다는 것 자체가 영성의 표현이다. 나의 신앙 경험을 통해 다른 사람들이 간접적으로 하나님을 경험하게 하는 것은 중요한 신앙의 나눔이라고 믿는다.

한번은 젊은 어머니들의 기도 모임 가운데 그들이 간증하는 것을 듣게 되었다. 젊은 시절에 하나님을 가까이 하는 것은 쉬운 일이 아니다. 그 나이에는 신앙보다 더 신 나고 즐거운 일이 많기 때문이다. 그러나 그 젊은 어머니들이 들려주는 간증을 들으면서 우리 인생길이 쉽지 않다는 것을 다시 한번 깨달았다. 나이가 많든지 적든지, 인생이란 전쟁이며 싸움터라는 사실을 알게 되었다. 숱한 인생의 과제를 안고 씨름하는 젊은 어머니들도 예외는 아니었다. 세상 재미에 빠져 살던 아기 엄마들이 인생의 실패와 위기 가운데 하나님을 새롭게 만나 기도의 전사, 기도의 파수꾼으로 바뀌는 것을 볼 때 영적 흥분이 일어난다.

간증이라는 것은 대단히 유익하다. 하나님의 언어로 듣는 사람들에게 영적인 도전이 되기 때문이다. 간증에는 초월적인 하나님의 경험이 담겨 있으며, 우리 인간의 삶에 나타나는 적나라한 현실이 동시에 담겨 있다. 그래서 많은 교훈이 된다.

훈련, 선교지 방문, 기도 모임, 소그룹 교제를 통해 하나님을 만난 이야기들이 얼마나 많이 쏟아지는지 모른다. 그 이야기들은 하나님을 체험한 이야기이며, 자신들의 인생에서 하나님의 세계와 의미를 새롭게 지각한 놀라운 이야기다. 교회 공동체는 이러한 이야기를 소중히 간직해야 하며, 또 계속해서 나눠야 한다.

교회는 간증의 공동체다. 우리가 자주 부르는 찬송가에 "이것이 나의 간증이요, 이것이 나의 찬송일세"라는 가사가 있다. 간증을 이야기라고도 말한다. 우리의 인생에서 끊임없이 들리고 회자되어야 할 믿음의 이야기, 그것이 간증이다. 이 간증은 교회의 역사와 함께 오래 기억되어야 한다. 간증이 풍성한 공동체는 하나님이 끊임없이 살아 역사하시는 생명력있는 공동체다!

 격변의 시대를 사는 목회자들

❶ 목회자로서 가장 중요한 정체성은 하나님으로부터 부르심을 받은 종이라는 사실이다.

❷ 오늘날 목회자는 극심한 변화의 시대에 살고 있다. 그러므로 목회자는 변화에 대처하며 능동적으로 교회를 이끌어 가야 한다.

❸ 목회의 자리는 특권이나 권력을 누리는 자리가 아니다. 그것은 십자가를 지고 섬김의 길로 걸어가는 거룩한 순례의 여정이다.

❹ 자신의 목회 철학을 일관성 있게 펼쳐 나가는 성실한 목회가 장기 목회를 가능하게 한다.

무언가 반짝하는 목회보다는
자신의 목회 철학을 일관성 있게 펼쳐
나가는 성실한 목회가
장기 목회를 가능하게 한다.

::

교회에는
격려하는 사람들이
더 많아져야 한다.
정죄하거나 비판하지 말고,
서로 사랑하며 격려해야 한다.

chapter 09

새로운 부흥의 물결로 교회를 혁신하라

영성이 살아 있는
교회가 **살아남는다**

●

교회는 그리스도의 몸 안에서 하나 되는 공동체가 되어야 한다.
공동체 정신이 결여된 교회와 세상은 영적으로 빈곤하기 짝이 없다.
교회는 지나친 개인주의로 외롭게 살아가는
현대인들에게 공동체적인 필요를 채워 줘야 한다.
그것만이 교회가 살길이다.

어느 때보다 외로운 현대인들

미국 주류 교단의 교인 수 감소 현상이 현저히 나타니고 있다. 미국 뿐 아니라 한국 교회도 포스트모던 시대에 교회의 성장이 정체되고 있다. 교회의 사회적 영향력도 상실하고 있다. 교회 안의 풍성했던 간증도 사라지고 있다. 교회가 세상으로부터 비난을 받기도 한다. 적지 않은 교회가 권위주의에 빠져 있다고 비난받고 있다. 물질주의와 성장주의에 취해 있다고 성토를 당하고 있다. 어느 정도 부인할 수 없는 사실인지도 모른다.

오늘날 이러한 사회적 현실 앞에서 교회는 어떤 대응을 해야 하는가? 절실한 과제가 아닐 수 없다. 교회가 위기에 봉착하고 있다면 기본 정신으로 돌아가야 한다. 교회의 기본은 무엇일까? 그것은 성경적 교회로 돌아가는 일이다. 성경이 증언하는 원형적인 교회의 정신을 복원하는 것이다. 성경의 원형적인 교회는 사도행전 2장에 나타나는 초대 교회다. 초대 교회의 가장 중요한 정신은 공동체 정신이다. 초대 교회는 성도 간에 진정한 사랑과 교제가 충만했다. 공동체의 진정한 하나 됨이 존재했다.

우리가 추구하는 영성의 삶은 늘 두 가지 측면에서 파악해야 한다. 첫째는, 하나님을 알아 가고 그리스도와 동행하는 수직적 영성이다. 그분과의 개인적인 만남 가운데 영적 경이감, 신뢰감, 하나님에 대한 사랑을 느끼게 된다. 두 번째는 수평적 영성으로 이웃끼리 서로 용납하고 사랑하는 공동체적인 교제다. 이 수직적 영성과 수평적 영성이 씨줄과 날줄처럼 얽어져 창조적인 상호 과정을 이루면서, 진정한 신앙인의 삶으로 성장해 간다.

현대인의 삶은 지나치게 개인주의적인 정신이 팽배해 있다. 현대인들은 서로 사랑하고 교제하기보다는 각자 이기적인 유익을 추구하면서 분주하게 살아간다. 인터넷에 빠져 혼자 몇 시간씩 폐쇄된 공간에서 방황한다. 아무도 만나지 않은 채 자신의 성을 쌓으며 살아가는 사람들도 많다. 현대의 발전된 오락 문명은 혼자서도 얼마든지 쾌락의 시간을 보낼 수 있게 한다. 비행기를 타 보면 어른 아이 할 것 없이 '퐁 퐁' 하며 닌텐도 게임에 몰두하고 있다. 심지어는 가정에서도 아빠는 DVD, 엄마는 텔레비전, 딸은 아이팟, 아들은 비디오 게임으로 각자 독자적인 공간에서 살아간다. 가족의 결속력이 점점 약화되고 있다. 가족 안에서도 한 몸 됨이 점점 와해되고 있다.

이러한 기계 문명은 현대인에게 자기 소외를 안겨 주었다. 현대인들은 자기만을 가장 소중하게 여기며 살아간다. 이기적이며 자기중심적이다. 인간관계가 지극히 피상적이다. 아무도 서로를 깊이 알려고 들지 않는다. 서로가 서로에게 책임을 지려고 하지 않는다. 개인주의와 책임 회피가 무성하다. 길가에서 사람이 죽어 가도 아무도 돌아보지 않는 무정한 세상이 되어 버렸다. 정신병에 걸린 사람도 예전 시대보다 훨씬 증가하고 있다. 포악한 범죄가 기승을 부리고 있다. 가족 간에 하나 됨이 무너지면서 그 버팀목이 무너지고 있다. 서로가 서로에 대해 냉담하고 무정하다. 사람들은 유례없이 바쁘지만 어느 때보다 더 고독한 삶을 살아간다.

교회에도 이러한 개인주의적인 모습이 나타나고 있다. 교인들은 교회에 나와서 자신에게 필요한 영적 필요만을 공급받고 휭 하니 떠난다. 그들은 일종의 영적 소비자다. 오늘날 많은 교인들이 삶에 대한 진지한 나눔도, 이웃에 대한 관심도 없이 예배만 드리고 돌아가고 있다. 오늘날 교회가 진정한 영적 가족이 되고 있는가? 교회에서 집과 가족 같은 따스함을 느끼고 있는가? 자문해 봐야 한다.

그리스도의 몸 안에서 하나 되는 공동체는 선택 사항이 아니다. 공동체의 정신이 결여된 교회와 세상은 영적으로 빈곤하기 짝이 없다.

교회는 소그룹이나 셀 교회나 가정 교회를 통해 공동체적인 필요를 채워 줘야 한다. 그것만이 교회가 살길이다. 그리스도 안에서 한 몸이 되려면 공동체 정신이 충만해야 한다!

관용은 관용을 부른다

이민 목회를 하면서 늘 느끼는 것은, 교회처럼 정죄의 문화가 강한 곳이 없다는 것이다. 교회는 겉으로 보기에는 항상 좋아 보이고 용서가 가득한 공동체처럼 보이지만, 실제로 그 내면에 들어가면 그 반대인 경우를 빈번하게 목격하게 된다. 작은 실수, 지난날의 실패, 과거의 허물을 여지없이 드러내며 상처를 주고 상처를 받기도 한다. 왜 교회에는 정죄의 동력이 강하게 나타나는 것일까?

무엇보다 교회가 의인의 집단이라고 생각하는 경향이 있다. 교회처럼 도덕적 기준을 높이 쌓아 놓고 사는 공동체가 또 있을까? 자기의 의의 잣대를 들먹이며 상대방을 여지없이 비난하고 정죄한다. 지난날의 사소한 마음의 상처를 이유로 그 사람의 능력이나 가능성마저 박살 내기도 한다. 세상 사람들도 술 한잔 먹고 화해하면 끝날 일을 가지고 하나님의 자녀라고 하는 성도들이 오랜 세월 마음에 날카로운 보복의 칼을 갈기도 한다.

하나님의 자녀가 되면 관용과 용서의 마음이 넓어져야 하는데 오히려 세월이

교회는 소그룹이나 셀 교회나 가정 교회를 통해 공동체적인 필요를 채워 줘야 한다. 그것만이 교회가 살길이다.

흐를수록 상처를 더 키운다. 교회를 오래 다니면 다닐수록 관용의 사람이 되는 것이 아니라 정죄와 부정의 사람이 되는 것을 많이 본다. 왜 오래된 교인일수록 의의 기준이 더욱 날카로워지고 비판적으로 되는지 알 수가 없다.

그러나 깨달아야 할 사실은, "관대함이 없는 곳에서 인간은 잠재력을 발휘할 수 없다"는 사실이다. 인생에서 위험을 무릅쓰고 도전하는 데는 그 사람을 수용하고 받아들이는 경이 필요하다. 가끔씩 저지르는 실수나 실패가 용납되지 않을 때 사람들은 희망을 잃어버린다.

성경을 보면 실패의 나락을 딛고 희망적인 미래로 나아가며 쓰임 받은 인물이 적지 않다. 양치기로 살다가 하나님의 새로운 사명을 받은 모세도 그렇다. 목양의 새로운 회복으로 나아간 베드로도 그러한 인물이다. 다 하나님의 관용을 경험한 사람들이다. 『레미제라블』에 나오는 주교처럼 우리를 속이고 도둑질하는 사람에게 가장 소중한 소유물을 건네줄 수 있는 관용이 우리에게 절실하다. 관용은 정의를 초월한다. 관용은 상대방의 허물에도 불구하고 상대를 용서한다.

관용은 관용을 부른다. 관용의 뿌리는 십자가에 나타난 하나님의 사랑이다. 하나님의 분에 넘치는 사랑이 예수 그리스도의 십자가에서 실현되었다. 이 십자가의 관용을 깨달은 자는 이기심을 버리고 자기가 받은 은총을 다른 사람에게 관대하게 베푼다. 교회는 관용의 공동체다. 교회에서 정의와 법을 들먹이는 것은 정당해 보이기는 하지만 사랑을 느낄 수는 없다.

교회에도 두 가지 환경이 공존한다. 하나는 은총의 환경이고, 다른 하나는 율법적인 환경이다. 은총의 환경에서는 신뢰와 창의력과 희망과 같은 긍정적인 결과가 나온다. 그러나 율법적인 환경에서는 불신과 갈등, 경직, 정죄 같은 부정적인 결과가 나온다. 그 교회가 은총적인 환경인가, 아니면 율법적인 환경인가에 따라 목회자의 설교부터 교인들이 서로를 이해하는 모습, 기존 교인이 새 가족을 받아들이는 모습에 이르기까지 완연히 차이가 난다. 교회는 성도를 참된 인간, 하나님의 참된 자녀로 만드는 관용과 은총의 공동체로 나아가야 한다.

관계성이 주는 치유의 힘은 강력하다

목회를 하면서 관계성이 가져다주는 치유의 힘을 체험하고 있다. 교회에 예배만 드리러 나오는 교인보다 소그룹이나 공동체에 속해 있는 교인들의 응집력이 매우 강한 것을 볼 수 있다.

얼마 전에 젊은 30~40대 여성들이 모여 1박 2일로 수련회를 갔다. 짧은 시간이었지만 관계로 인한 치유가 넘치는 시간이었다. 자신들의 삶과 가정, 자녀들의 이야기로 가득 찼다. 그러한 시간 가운데 깊고 투명한 관계를 새롭게 만들어 갔다. 모임을 마무리하면서 성찬식을 가졌다. 그리고 서로 돌아가며 포옹하고 기도하는 시간을 가졌다. 서로 깊은 관계의 정감을 나누며 눈물을 흘리고 기도하는 가운데 내면의 놀라운 치유가 일어나는 것을 관찰하게 되었다. 관계가 가져다주는 치유의 힘이란 이렇게 강력한 것이다.

관계성은 육체적, 정신적 건강의 핵심이다. 자신이 다른 사람과 "깊은 관계를 맺고 있다"라는 느낌을 가지고 사는 사람은 건강하고 행복하며 오래 산다. 리스 버크만 교수는 9년의 조사 기간을 통해 "관계의 접촉이 적은 사람들이 사회적 유대감이 강한 사람보다 사망률이 3배 이상 높다"는 사실을 밝혀냈다.

교회는 관계성을 새롭게 발전시켜 나가야 한다. 무엇보다 하나님과의 관계를 가장 귀하고 중요하게 여겨야 한다. 하나님은 궁극적으로 관계를 맺어야 할 대상이시다. 주님은 "내가 결코 너희를 버리지 아니하고 너희를 떠나지 아니하리라"(히 13:5)고 하셨다. 성경에서 가장 치유의 능력이 있는 말씀은 "내가 세상 끝 날까지 너희와 항상 함께 있으리라"(마 28:20)는 말씀이다.

교회는 교인들로 하여금 관계적인 능력을 발휘하고 만들어 가도록 도와줘야 한다. 그러한 교회에는 놀라운 치유의 능력이 흘러들어 간다. 기도의 소그룹이 그러한 관계 지향적인 모임이다. 셀 교회도 관계 지향적인 모임이 될 수 있다. 교회의 모든 모임을 깊은 관계성을 세워 나가는 모임으로 승화시켜 나간다면 교회는 치유의 공동체가 될 것이다.

예수님의 목회에는 설교, 가르침, 치유라는 세 가지 요소가 균형을 이루었다. 그러므로 말씀 중심의 목회자들은 이러한 치유의 역량을 향상시키고, 설교나 가르침에 들이는 시간과 노력만큼 치유의 능력을 배양하도록 힘써야 한다. 그렇지 않으면 현대인들은 교회보다는 인터넷이나 이메일 같은 온라인상에서 사람과의 관계를 찾기 위해 헤매고 다닐지 모른다. 학교에서 집으로 돌아온 10대가 제일 먼저 이메일을 확인하고 친구들과 채팅하는 것도 바로 관계성의 문제다. 세상이 디지털화될수록 생기 가득한 인간적인 관계성이나 공동체에 대한 갈급함이 더 깊어진다.

하버드대학의 한 정신과 의사는 우리가 적절한 관계를 맺으며 살기 위해서는 공동체에 열두 가지의 관계가 필요하다고 주장했다. 조상, 직계, 가족, 친구, 공동체, 직장, 심미의 세계, 전통, 자연, 애완동물, 사상과 정보, 사회 그룹, 그리고 하나님과의 관계다.

교회는 단지 예배드리는 집합체가 아니다. 깊고 개별적인 공동체의 교제가 이뤄지는 관계적 요소가 필요하다. 그것이 소그룹의 만남이든, 중보 기도의 모임이든, 성경 모임이든 간에 깊은 교제와 만남을 경험하는 그곳에 풍성한 치유가 일어난다.

같이 걸어가는 공동체가 되자!

우리 집 근처에 괜찮은 공원이 있다. 시간을 내서 자주 그 공원을 걷곤 한다. 조용히 혼자 걸어가는 사람들이 있고, 짝을 지어 이야기를 나누며 걷는 사람들도 만나게 된다. 좋은 친구들과 함께 걸으며 인생을 나누는 모습은 아름답다. 함께 걷는다는 것은 상대방을 관계적인 영역으로 초대하는 행위다. 같이 걸어가면 마음이 열리고, 이해의 폭이 넓어진다. 같이 걸어가면 친근감이 생긴다.

여러 가지 비유로 교회를 설명할 수 있다. 나는 교회를 함께 걸어가는 공동체라고 부르고 싶다. 함께 인생의 길을 걸어가는 공동체인 것이다. 교회만큼 오랜 시간 동안 인생을 같이 걸어가는 공동체가 있을까? 탄생부터 죽음까지, 교회는 기나긴 인생의 모든 여정을 같이 걸어간다. 함께 걸어가며 희로애락을 나눈다. 돌잔치로부터 진학, 결혼, 사별 그리고 노년에 이르는 온갖 생의 매듭을 함께 나누며 함께 걸어가는 공동체가 교회다. 혼자 지기에 어려운 짐을 같이 지면서 그 짐을 덜어 준다. 악한 세력과 유혹과 시험에 부딪힐 때 교인들이 서로 힘과 용기를 북돋아 준다. 요즘처럼 경제 불황이 심할 때 교인들은 교회라는 공동체를 통해 깊은 사랑의 교감과 돌봄을 받아야 한다.

미국의 저명한 설교자 척 스윈돌 목사는 교회의 가장 핵심적인 내용을 관계의 정신이라고 했다. 관계의 정신이란 성도 간에 교제가 충만한 상태를 말한다. 교회가 한마음이 되고 한 정신으로 뭉쳐서 한 몸 됨의 지체 의식을 나누는 것을 뜻한다. 교회는 관계로 연결되어야 한다. 관계가 깊은 교회는 결속 의식과 연대 의식이 강하다. "여기에 모인 우리 주의 은총 받은 자여, 주께서 이 자리에 함께 계심을 믿노라." 이 복음 성가를 부를 때마다 눈물이 난다. 하나님의 영으로 한마음이 되어 나아가는 진정한 교회의 정신이 그 노래에 흐르기 때문이다.

오늘날 교인들은 교회에 나와도 자기 자신을 독립된 개인으로 생각하는 경향이 있다. 누구와도 교제하지 않고 그냥 교회에 와서 자신의 영적 유익만을 채우고 썰물처럼 빠져나가는 파편화된 교인들이 있다. 교회라는 곳은 독립적이고 분리된 개인들의 아무런 의미 없는 만남이 이뤄지는 장소가 아니다. 우리는 미세한 분자가 오고 가는 얇은 투막 같은 영적 결속으로 연결된 존재다.

아무런 관계나 교제가 없이 모이는 교인은 구경꾼이라고 할 수 있다. 구경꾼들은 서로 깊은 관계를 맺지 않는다. 각자가 자

탄생부터 죽음까지, 교회는 기나긴 인생의 모든 여정을 같이 걸어간다. 함께 희로애락을 나눈다.

신의 이기적인 동기를 가지고 모이기 때문이다. 모래 파편과 같이 응집력이 없는 교인들이다. 교회가 커질수록 구경꾼 교회로 나아가기가 쉽다. 그러므로 교회는 양적 성장과 함께 질적인 결속도 같이 보완해야 한다.

미국의 저명한 사회학자 로버트 벨라는 그의 저서 『마음의 습관』에서 '유사 공동체'라는 단어를 사용하고 있다. 유사 공동체란 외형적으로는 공동체같이 보이지만 실제로는 참공동체가 아닌 것을 말한다. 그들은 물리적으로 같은 동네에 살며 같이 골프를 치고 같이 식사를 하지만 진정한 마음의 교제가 결여되어 있다. 그들은 단지 혼자 사는 것이 재미없기 때문에 외형적인 생활 방식을 공동으로 추구할 따름이다.

하나님은 교회라는 새로운 공동체를 통해 서로가 마음을 열고 사귀며, 하나님의 말씀 앞에 변화되어 하나가 되는 진정한 공동체를 이뤄가기를 원하신다. 오늘날과 같은 영적, 경제적 위기 앞에서 교회는 함께 걸어가는 공동체의 가치를 더 절실하게 추구해야 한다.

사랑방 같은 교회가 되자!

히브리서 10장 24절은 교회 공동체를 이렇게 정의하고 있다. "서로 돌아보아 사랑과 선행을 격려하며." 이 말씀처럼 교회의 특징을 단적으로 표현하고 있는 말씀이 또 있을까? 교회는 사랑과 선행의 공동체다. 사랑과 선행의 사역을 감당하도록 계속해서 격려하는 곳이 교회다. 그러나 우리의 교회 현실은 어떠한가? 사랑으로 격려하기보다는 서로 깎

아내리기에 바쁘다. 서로 돌아보기보다는 중상모략하고 시기하기에 바쁘다. 정죄와 비난이 난무하다. 교회에서 사랑과 격려보다는 상처를 받는 사람이 더 많은 것이 현실이다.

왜 교회 공동체에 이러한 세속적인 모습이 빈번하게 나타나는 것일까? 무엇보다 교회 공동체에 대한 바른 인식이 결여된 탓이다. 교회가 제자들의 발을 씻어 주는 섬김의 공동체라는 사실을 자각하지 못하는 것이다. 낮은 자의 발을 씻어 주는 섬김의 리더십을 가진 리더를 찾기가 쉽지 않다. 목회자와 장로의 자리를 섬기기보다는 누리는 곳으로 착각하는 지도자들이 많기 때문은 아닐까? 교회를 내 명예를 드러내고 내 위신을 세워 나가는 세속적인 기관으로 착각하기 때문은 아닐까? 교회가 과연 그러한 곳일까? 교회는 지배하는 곳이 아니다. 교회는 섬김의 정신을 내면화하는 곳이다. 예수님의 십자가와 세숫대야가 교회의 마땅한 정신이 되어야 한다.

성령이라는 단어는 보혜사, 우리를 돕는 자, 위로자로 번역되기도 한다. 성령이 하시는 일은 처음부터 끝까지 우리를 위로하고 격려하는 사역이다. 성령님은 세상 끝 날까지 우리를 떠나지 아니하시고, 우리 곁에 서서 격려해 주신다. 말할 수 없는 탄식으로 우리를 위로하신다. 흠이 많은 죄인인 우리를 주님의 사랑 안에서 살아가도록 고무시키신다. 교회는 위로의 성령님, 격려의 성령님이 머무시기에 마땅히 격려의 공동체가 되어야 한다. 오늘날 장기적인 경제 불황으로 수많은 교인이 눈물을 흘리고 고통 당하고 있다. 이럴 때일수록 교회와 교인은 사랑과 섬김의 화신이 되어야 한다.

목회를 하면서 두 종류의 교인과 대면하게 된다. 첫째는 율법주의적인 자세를 가진 교인이다. 그들은 엄격한 공의를 행사하며 늘 자신을 의롭다고 간주한다. 형제를 비판하며 심판하기를 좋아한다. 이 율법주의적인 교인은 다른 사람의 잘못을 지적하고 침소봉대(針小奉大)한다. 그래서 다른 사람의 짐을 무겁게 하고 그를 좌절시키고 위축시킨다. 일하고자 하는 사람의 의욕에 찬물을 끼얹는다. 둘째는 성령의 임재 가운데 사는 교인이다. 그들은 고통과 좌절에 빠져 사는 사람을 일으켜 세우고 위로해 준다. 그들에게는 깊은 이해심이 있고 용서와 덮어 줌이 있다. 권면이 있고 기도와 격려와 포용이 있다. 바나바 같은 교인들이다.

우리의 인생 여정은 사막을 지나는 것과 같다. 어둔 터널을 지나는 것과 같다. 더구나 이민의 삶이란 불같은 광야의 길이다. 많은 사람들이 비틀거리며 자주 넘어진다. 이러한 때에 격려의 사람들은 쓰러진 교인들을 부축하고 업어 주며 다독여서 같이 걸어간다. 그들로 인해 우리의 삶은 절망 가운데 소망을 품고 좌절 가운데 용기를 얻게 된다.

오늘날 이민 교회에는 격려의 사역자들이 훨씬 더 많아져야 한다. 정죄와 비판의 눈초리로 교인들에게 상처를 주는 율법주의적인 사역자 말고, 사랑과 격려의 사역자들이 필요하다. 하나님이 우리를 공동체로 부르신 것은 서로 붙잡고 의지하며 격려하여 든든히 세워 주도록 하기 위함이다.

인생의 여정을 함께하는 교회

❶ 교회는 함께 걸어가는 공동체다. 탄생부터 죽음까지 함께 희로애락을 나눈다.

❷ 교회는 자신을 드러내는 곳이 아니다. 서로 격려하고 섬기는, 사랑방 같은 공동체다.

❸ 우리 인생은 사막을 지나는 것 같다. 정죄와 비판의 눈길을 거두고 서로 격려하고 덮어 주고 위로해야 한다.

기도의 부흥을
체험한 이야기

이정숙 성도

    제가 교회를 다니기 시작한 지 어느덧 3년 정도 되었습니다. 처음에는 아이들에게 하나님과 예수님이 어떤 분인지 알려 주기 위해서 교회에 나갔습니다. 그러나 지금은 하나님 없으면 제가 죽을 것 같기에 하나님을 늘 사모하는 마음으로 교회를 다닙니다.

    작년에 남편이 사업을 접으면서 경제적인 어려움이 닥쳤습니다. 그와 더불어 저희 부부를 더 힘들게 했던 것은 가족 간의 불행이었습니다. 하지만 우리 부부는 서로 위로하고 사랑하는 마음으로 서로를 의지하며 품었습니다. 그러자 부부 사이가 더 좋아졌습니다. 비록 돈은 잃었지만 더욱 돈독해졌습니다. 경제적인 어려움이 있기까지 저는 주일에 예배를 드리기가 힘들었습니다. 일 때문에 바빴고 아이들 때문에 집중할 수가 없었습니다. 그러나 사업을 접고 보니 살길이 막막해 하나님을 붙잡을 수밖에 없었습니다. 그때 하나님은 저를 외면하지 않으시고 만나 주셨습니다.

　매일 기도하기 시작했습니다. 그때마다 하염없이 눈물이 나왔습니다. 주일에 예배를 드릴 때도, 목사님의 설교를 들으면서도, 찬양을 하면서도 눈물이 멈추지 않았습니다. 친구를 통해 어머니 기도 모임에 다니기 시작했습니다. 기도도 잘 못하고 찬양도 모른 채 무작정 다녔습니다. 하나님을 향해서 한 걸음 걸어 나갔습니다. 중풍 초기 증상으로 쓰러지신 엄마, 남편의 불안정한 직장, 아이들 건강 상태, 채무 관계 등 모든 게 너무도 혼란스러운 상태였습니다. 그때 하나님은 "너는 그들 때문에 두려워하지 말라 내가 너와 함께하여 너를 구원하리라 나 여호와의 말이니라"(렘 1:8)는 말씀과 함께 담대함을 주셨고, 결정적인 순간에 경제적인 어려움도 회복시켜 주셨습니다.

　경제적으로 너무나 힘든 우리 가정에 은행으로부터 편지가 왔습니다. 6월분을 포함해서 그동안 밀린 집 융자금과 변호사 비용을 내지 않으면 집이 차압에 들어간다는 내용이었습니다. 너무나 절망적이었습니다. "하나님, 우리 집 어떻게 해야 해요? 응답해 주세요. 저에게 지혜를 주세요" 하고 기도했습니다. 그러고 나서 며칠 후 너무나도 쉽게 돈을 구하게 되어 그것으로 은행에 밀린 돈을 갚을 수 있었고, 일단 집 차압의 위기를 넘겼습니다.

　집 차압 문제는 넘어갔지만 앞으로 2주를 버티기가 힘들었습니다. 2주 후에야 남편이 주급을 받기 때문이었습니다. 아이들 우유조차 살

돈이 없었습니다. 괴롭고 속상했습니다. 그래서 기도했습니다. "하나님, 우리 어떻게 해야 하죠? 우리 아이들 어떻게 해요? 저에게 지혜를 주시고 조급한 마음이 아닌 담대한 마음을 주세요."

은행에서 편지가 날아왔습니다. 은행에 돈을 갚을 때 과다 부과가 되었다고, 500달러를 되돌려 준다는 내용이었습니다. "하나님, 감사합니다!" 그 자리에서 무릎 꿇고 감사 기도를 드렸습니다. 눈물이 하염없이 나오고 심장이 터질 것 같았습니다. 그리고 벼룩시장에 한 달 넘게 TV 판다는 광고를 냈는데 전화만 오고 아무 연락도 없다가, 그날 저녁 어떤 학생이 500달러에 사 갔습니다. "하나님, 이렇게 저희 가정을 구원해 주시고 경제적인 어려움에서 극복할 수 있게 해 주셔서 감사합니다." 소리 높여 기도했습니다. 아이들이 눈을 동그랗게 뜨고 물었습니다. "엄마, 괜찮아?" "응! 하하하하." 감사와 기쁨이 넘치는 눈물의 웃음이었습니다.

그때부터 하나님은 하나님의 방식으로 저희 가정을 하나씩 회복시켜 주셨습니다. 한국에 계신 엄마도 이제는 더 이상 나빠지지 않고 한쪽 팔만 불편하신 상태이고, 앞으로 교회에 다니실 거라고 했습니다. 남편도 불안정한 직장을 그만두고, 더욱 탄탄한 곳으로 좋은 대우를 받으면서 다니게 되었습니다. 더욱 감사한 것은 그 사장님이 아주 신실하신 분이라는 것입니다. 그래서 신앙의 초보자인 남편을 잘 이끌어 주실 것 같습니다.

그리고 하나님은 저에게 하나님의 천사들을 보내 주셨습니다. 그분들은 힘들었던 시기를 믿음으로 이겨 낸 이야기를 해 주셨고, 저의 믿음의 의지를 더욱 강하게 만드셨습니다. 또한 금전적인 문제 때문에 작은애를 교육 시설에 보내지 못하고 있었는데, 은행으로부터 앞으로 내야 할 집 융자금이 줄었다는 편지를 받았습니다. 그 금액은 작은애를 교육 시설에 보낼 수 있는 액수였습니다. 할렐루야!

사업을 접으면서 저는 신앙생활에 더 열심을 내게 되었습니다. 하나님이 나를, 우리 가정을 정말로 많이 사랑하신다는 것을 마음 깊이 깨닫게 되었습니다. 그 어려운 시간을 지나면서 지금은 "하나님, 감사합니다. 하나님, 감사합니다. 하나님, 감사합니다!"라고 하루에도 수십 번 감사를 되풀이하는 사람으로 바뀌었습니다. 운전하면서, 운동하면서, 요리하면서 틈만 나면 기도하는 사람으로 바뀌었습니다. 기회만 있으면 다른 사람에게 제가 받은 하나님의 은혜를 나누고 흘려보내는 사람이 되었습니다. 믿음에 욕심을 내는 사람이 되었습니다. 그리고 어떤 상황이 되더라도 조급해하지 않는 담대한 사람으로 바뀌어 가고 있습니다. 이 얼마나 큰 하나님의 은혜인지요.

"하나님, 사랑으로 아이들을 키울 수 있게 지혜를 주시고, 교만해지지 않도록 저를 붙들어 주시고, 늘 성령 충만한 삶을 살 수 있게 해 주세요. 제 삶의 중심이신 하나님, 감사합니다." 늘 이런 고백의 기도를 드리며 저는 요즘 매일 하나님 아버지를 만납니다.

Part 3

성령의 리더십으로
선교에 헌신하라

성령님은 하나님의 약속의 성취이다.
아버지 하나님께서 보내 주시겠다고 약속하신 성령님을
예수 그리스도의 십자가 사건으로 인해 이 땅에 보내주셨다.
그리고 주님께서는 땅 끝까지 복음을 전하라는
지상 명령을 주셨다. 그 모든 선교 사역을 할 때
위로부터 오는 능력을 덧입고 하라고 강권하셨다.

•• 믿음의 닻을 내리고
선교 사역에 헌신하라

주님이 우리에게 명하신 선교의 지상 명령은 너무나도 중차대한 명령이다. 그러나 오늘날 지구촌 선교는 수많은 난제들을 안고 있다. 무엇보다도 극심한 선교 자원이 부족한 시대에 살아가고 있다. 선교지를 방문할 때마다 느끼는 것은 계란으로 바위를 치는 무모한 선교가 진행된다는 느낌을 떨쳐 버릴 수 없다. 선교사들이 그야말로 맨 땅에 헤딩하는 그런 도전적인 선교를 진행하고 있다. 아울러 전 세계가 계속적인 경제 불황으로 선교하기가 대단히 어려운 시대이다. 선교지마다 재정적인 어려움으로 인한 도움의 부르짖음이 가득하다. 그렇지만 내 교회도 생존 모드로 살아가야 하는 이 경제 위기 시대에 선교에 관심을 돌리는 것이 쉬운 일이 아니다.

또 지구촌적인 선교 환경이 기독교에 대해 호의적이지 않다. 나날이 모슬렘 세력들이 발흥하고 있다. 미국을 비롯한 서구 세계와 모슬렘 국가들과의 관계는 초긴장 상태이다. 나라마다 자국보호주의가 더욱 더 강해지고 있다. 현지 지도자들의 양성은 턱없이 부족하다. 선교 전략과 정책이 날마다 새로워야 하지만 선교 현장 전문가들이 점점 부족해 지고 있다. 그나마 선교 사역에 노련한 선교사들이 계속해서 은퇴하고 있다. 그에 따른 후속 선교 지원자들이 점점 줄어 들고 있다. 북미주의 교단들은 자신들의 생존 경쟁에 얽매어 선교와 같은 장기적이며 전문적인 정책을 개발해 낼 여유가 없다.

그러나 선교학자 허버트 케인의 말대로 가장 부족한 것은 영적인 능력인지도 모른다. 수많은 문제와 어려움, 그리고 현실의 한계 상황에서 가장 절실하게 느껴지는 것은 성령의 도우심이다. 선교는 인간의 일이 아니기 때문이다. 선교는 하나님의 초자연적인 능력과 도우심으로 진행되는 하나님의 일이다. 성령님은 기독교 선교의 총사령관이 되신다. 그러므로 기독교 선교는 성령님의 힘으로 감당해야 한다. 선교 사역은 성령의 능력과 임재 가운데 행해져야 한다.

아직도 이 세상에 복음을 듣지 못하는 이들이 전 세계 인구의 36% 이상이나 된다고 한다. 세계 복음화를 위한 주님의 지상 명령은 어떠한 경제 여건이든지, 어떠한 지구촌이 현실적인 어려움 기운데도 계속되어야 한다. 오늘날 선교의 주인 되시는 성령님의 역사들은 여전히 계속되고 있다. 특히 지구촌의 남반구에서는 놀라운 기독교 부흥 운동이 일어나고 있다. 중남미, 중국, 아프리카 남단의 기독교 부흥은 경이

적이다. 유럽이 소재한 북반구에서는 기독교가 쇠퇴하고 교회가 문을 닫고 있는데 또 다른 지구촌 구석에서는 새로운 부흥의 물결이 일어나고 있다. 이것은 분명히 성령님의 역사이다!

성령님은 하나님의 약속의 성취이다. 아버지 하나님께서 보내 주시겠다고 약속하신 성령님을 예수 그리스도의 십자가 사건으로 인해 이 땅에 보내주셨다. 그리고 주님께서는 땅 끝까지 복음을 전하라는 지상 명령을 주셨다. 그 모든 선교 사역을 할 때 위로부터 오는 능력을 덧입으라고 강권하셨다.

그러므로 가장 강력한 선교 사역이 펼쳐지고 있는 사도행전은 성령의 행전이다. 사도행전에서는 이러한 강력한 능력의 근원 되시는 성령님의 능력을 힘입어 사역하는 선교와 성령의 역사가 파노라마처럼 펼쳐지고 있다.

성령님은 지리적인 영역을 뛰어넘는 선교를 하게 하신다. 성령님은 담대한 능력으로 주의 종들이 복음을 전하게 하셨다. 복음을 전하는 선교사들이 큰 장애와 잔인한 핍박 가운데 인내하게 하셨다. 성령님은 필요한 곳에서 필요한 종들을 특정 선교지로 섬세하게 인도하셨다. 성령님은 심한 긴장과 문제 가운데도 그것들을 뚫고 나아가도록 복음의 사역자들에게 하늘의 지혜를 내리셨다. 성령님은 복음이 역동적으로 선포되고 교회들이 이를 위해 끊임없이 모여 기도하게 하시므로 어떠한 장애물도 돌파하게 하셨다. 성령님은 계속해서 선교사들에게 큰 영감을 주셔서 복음과 선교의 벅찬 비전과 메시지를 전파하게 하셨다. 성령님은 한계 상황 가운데 필요한 자원을 공급하게 하시는 신실하신 분이시다.

우리는 사도행전을 읽어 가는 가운데 모든 선교적인 위기 상황과 한계 상황에서도 용기와 희망을 얻을 수 있다. 오늘날 우리의 구조적인 현실을 한탄하며 눈물 짓고 고개를 떨구어서는 안된다. 절망감으로 선교를 중단 할 수 없다. 오히려 위기의 시대, 인간의 가능성이 사라지는 그 곳에 성령님은 오히려 선교를 역동적으로 감당하도록 은혜를 베풀어 주신다.

불가능처럼 보이는 오늘의 현실에서도 성령님의 도우심을 입어 계속 선교하는 교회로 진군해야 한다. 선교는 성령의 리더십으로 행해야만 하는 헌신임을 분명히 깨닫게 되었다. 선교하는 교회가 될 때 그 교회는 성령의 은혜가 충만히 임한다. 내가 섬기는 교회는 지난 17년을 선교하는 교회로 나아가면서 체험한 성령의 임재와 도우심은 이루 헤아릴 길이 없다. 나는 한 때 사도행전 1장 8절의 "오직 성령이 너희에게 임하시면 너희가 권능을 받고 예루살렘과 온 유대와 사마리아와 땅 끝까지 이르러 내 증인이 되리라 하시느라" 라는 말씀을 선언적 의미 정도로만 이해하였다. 그러나 선교지 현장을 다니면서 이 약속의 말씀은 비로시 내 뼈 속 깊이 스며드는 산 체험의 말씀이 되고 말았다. 그 말씀이 낱낱이 검증되고 말았다. 오늘도 이 약속의 말씀에 내 믿음의 닻을 내리고 선교지와 선교 사역에 헌신하고 있다.

::
교회가 선교의 비전을 품자
성도들도 동참했다.
선교 사역에 헌신하면서
선교사의 꿈을 키워 갔다.

chapter 10

새로운 부흥의 물결로 교회를 혁신하라

선교의
비전을 **품으라**

●

하나님의 은혜로 아틀란타 연합장로교회가
혁신을 지향하면서 하나님은 선교지향적인 교회로 나아가게 하였다.
나 자신이 먼저 선교 사역에 헌신했고,
교회의 지도자들도 선교 현장으로 나아가기 시작했다.

선교하는 교회에는 부흥이 있다

새로운 부흥의 물결이 흐르는 교회는 선교 지향적인 교회다. 하나님
의 은혜로 아틀란타 연합장로교회가 혁신을 지향하면서 하나님은 선
교 지향적인 교회로 나아가게 하셨다. 교회의 혁신과 아울러 나 자신
이 먼저 선교 사역에 헌신했다. 지난 17년 동안 나는 한국, 케냐, 에티

오피아, 우간다, 니카라과, 과테말라, 아르헨티나, 중국 등 전 세계를 다니며 현지인 목회자 훈련에 힘쓰고 있다. 아울러 교회와 유치원, 초등학교와 중고등학교를 세우는 교육 선교를 펼치고 있다. 지금도 매년 3회 이상 현지인 목회자 세미나를 하고 단기 선교를 떠나고 있다. 선교적인 교회를 지향하면서 적지 않은 성도들이 장기선교사, 단기선교사, 동원선교사로 헌신하여 사역하고 있다.

아프리카 케냐의 칼레무냥 지역에는 10년 전부터 아틀란타 연합장로교회의 선교 사역으로 우물이 생기고 유치원, 초등학교, 중고등학교가 세워졌다. 그 인근 지역으로부터 "덤불 속의 천국"이라고 불릴 만큼, 한 부족 전체가 변화하는 놀라운 사건이 일어났다. 니카라과에도 유치원과 초등학교와 중학교를 세우는 등 교육 선교를 강화해 나가고 있다.

현재 1세 성도 중 세 가정이 아프리카와 중미에, 2세 성도의 네 가정이 이슬람권과 동아시아에 장기선교사로 파송받아 사역하고 있다. 매년 10개 팀의 150여 명의 성도가 단기 선교를 떠나고 있다. 노숙자 사역, 난민 사역, 극빈자 사역, 캠퍼스 사역 등으로 지역 사회와 소외된 자들을 섬기고 있다.

선교 사역을 하면서 무엇보다도 깨닫게 되는 것은 교회 지도자들이 선교 현장에 대한 이해를 가져야 한다는 것이다. 특히 교회를 이끌어 가는 당 회원들이 선교에 대한 현장 경험이 없으면 탁상공론을 하기 쉽다. 그래서 나는 선교지에서 모든 당 회원들과 함께 몇 차례의 선교수양회를 가졌다. 당 회원들은 선교

> 교회를 이끌어 가는 리더들이 선교 현장에 대한 경험이 없으면 탁상공론을 하기 쉽다.

현장을 직접 경험하면서 선교에 대해 이해하게 되었다. 선교지를 돌아보며 감격의 눈물을 흘리기도 했다. 선교지에서 합심해서 기도하는 가운데 선교에 대한 공동의 비전을 갖게 되었다. 선교 정책을 논의할 때 쓸데없는 소리를 하지 않게 되었다. 그리하여 선교 사역은 아틀란타 연합장로교회의 우선순위의 사역이 되었다.

선교 지향적인 교회가 되면서 당 회원 중 세 분이 장기선교사로 헌신했다. 당 회원이 직접 선교사로 파송된 것은 성도들에게 신선한 충격을 주었다. 그로 인해 강력한 선교의 동기 부여가 이뤄졌다.

당 회원으로 시무하다가 케냐의 포콧 부족에 장기선교사로 헌신한 이규종 선교사는 원래 선교의 비전이 뚜렷하지 않던 분이었다. 그런 그를 내가 단기 선교에 데리고 나갔다. 그는 단기 선교 가운데 큰 은혜를 체험했다. 선교 일정 내내 감격의 눈물을 훔쳤다. 그 후 케냐의 포콧 부족에 단기 선교를 수차례 다녀오면서 하나님이 그분에게 감동을 주셨다. 그에게 새로운 하나님의 비전이 생겼고, 마침내 장기선교사로 헌신했다. 그는 7년 동안 선교 현장을 섬기면서 지역사회 선교의 놀라운 은사를 발휘하게 되었다. 현재는 아프리카 선교지에서 물러나 아틀란타 연합장로교회의 선교 행정을 맡고 있다.

케냐의 칼레무냥 지역에는 지난 10년 동안 본 교회의 선교 사역으로 20여 개의 교회가 세워졌다. 다수의 유치원이 세워지고 초등학교, 중고등학교도 세워졌다. 한 부족 전체가 혁신되는 놀라운 선교의 축복이 찾아왔다. 칼레무냥 초등학교를 개교할 때 케냐의 부통령을 비롯한 정부의 고위 관료들이 참석해서 한인 교회가 세워 나가는 교육 사역의 비전을 축복해 주기도 했다.

사회주의 국가 니카라과에도 유치원과 초등학교, 중학교를 세우는 등 교육 선교의 기회가 찾아왔다. 선교를 할 때 하나님이 선교적인 역량을 배가시켜 주심을 깨닫게 되었다. 사회주의 국가에서 교육 선교란 쉬운 일이 아니었다. 그러나 그 나라에서 성실히 사역하는 우리를 보고 유치원, 초등학교, 중고등학교까지 개교하도록 허락했다.

2009년 5월, 아틀란타 연합장로교회로서는 새로운 선교의 이정표를 그리는 파송의 날이 찾아왔다. 2세 성도들 세 가정이 한번에 아시아의 이슬람 국가로 파송된 것이다. 그들은 학생 시절에 나와 함께 멕시코 단기 선교를 다녀왔다. 그때부터 하나님은 그들에게 선교의 비전을 주셨다. 여러 가지 선교 사역에 헌신하면서 선교사의 꿈을 키웠다. 그리고 하나님의 때가 차서, 자신들의 좋은 직장과 사업을 내려놓고 선교사로 훈련을 받고 파송되었다. 얼마나 감격스러웠는지 모른다.

 선교의 비전을 가져라

❶ 새로운 부흥의 물결이 흐르는 교회는 선교 지향적인 교회다.
❷ 무엇보다 교회 지도자들이 선교 현장에 대한 이해를 가져야 한다.
❸ 다음 세대에게 선교의 이정표를 제시해야 한다.

선교 지향적인 교회가 되면서
당 회원 중 세 분이 장기선교사로 헌신했다.
당 회원이 직접 선교사로 파송된 것은
성도들에게 신선한 충격을 주었다.
그로 인해 강력한
선교의 동기 부여가 이뤄졌다.

::

선교가 빠진 교회는 참된 교회가
아니다. 선교가 빠진
그리스도인은 참된 그리스도의
제자가 아니다. 선교는 모든
그리스도인의 존재 이유이며,
삶의 목적이다.

chapter 11

새로운 부흥의 물결로 교회를 혁신하라

성령의
리더십으로 **선교하라**

●

성경에서 가장 일관되게 전하는 메시지가 있다.
하나님은 한 영혼도 멸망하기를 원하지 않으신다는 하나님의 마음이다.
우리는 이러한 하나님의 비전과 사랑을 깨닫고
선교하는 교회, 선교하는 인생이 되어야 한다.

선교지에는 강력한 성령의 능력이 나타난다

"내 인생을 어떻게 아름답게 마무리할 것인가?"라는 질문은 내 목회
여정에서 언제나 중요한 기도 제목이었다. 간절히 기도하는 가운데 하
나님이 은혜를 주셔서 케냐에서 목회자 훈련을 몇 년째 해 오고 있다.
매년 나이로비 선교 센터에 200여 명의 현지 목회자들이 모여서 미국

목회자들과 선교사들에 의해 PTS 훈련을 받고 있다. 성경 강해, 리더십, 교회 성장론에 이르기까지 이들을 훈련해 오면서 이제는 형제와 같은 깊은 연대를 맺고 있다.

그동안 선교를 해 오면서 느끼는 것은 토착 교회 혹은 현지 교회의 목회자들의 리더십을 양성하는 것이 절실하다는 것이다. 선교사 영웅을 만들지 말고 현지 지도력을 세워 주는 것이 현대 선교의 바른 방향이다. 아프리카는 과거에 서구 선교사들의 전유 선교지였다. 그러나 서구 선교사들이 은퇴하면서 차세대 선교사로 이어지지 못해 선교지가 점점 공백화되고 있다. 그러한 빈 공간에 한국 선교사들이 수혈되어 열정적으로 선교하는 곳이 늘어나고 있다. 특히 한국 선교사들 특유의 열정과 형제애로 현지인들이 마음을 열어 이들을 환영하고 있다.

몇 년 전부터 시작해 온 케냐의 현지 목회자 훈련에 참석한 에티오피아, 르완다, 우간다, 탄자니아의 목회자들의 요청으로 목회자 훈련 영역을 확대해 가고 있다. 지난 몇 년 동안 케냐와 에티오피아 목회자들을 집중 훈련시키면서 목회의 보람을 얼마나 많이 느끼고 있는지 모른다. 이제 그 훈련의 지경이 점차 이웃 나라로 확대되면서 선교 네트워크도 넓어지고 있다.

현지 교회의 목회자들을 양성하고, 지도력을 세워 주는 것이 필요하다.

두 주 동안 케냐와 우간다의 목회자들을 대상으로 목회자 훈련을 다녀왔다. 20시간의 비행에도 불구하고 기쁨과 감사로 섬길 수 있었다. 이번에 처음 참여한 우간다 목회자 훈련은 우간다 수도인 캄팔라에 있는 노아의 방주 교회에서 했다. 인근 국가와 각 지역에서 온 150여 명의 목회자들이 참석했다. 그들 중에는 르완다, 콩고, 케냐에서 온 목회자들도 있었다.

우간다는 오랜 세월 이디 아민이라는 독재자가 나라를 통치했다. 이슬람교 광신자였던 그는 기독교를 말살하고자 한때 인구의 50만 명을 처형할 정도로 나라를 황폐하게 만들었다. 수많은 사람들이 에이즈에 걸려 죽기도 했다. 그런데 이제는 인구의 과반수 이상이 기독교 신자가 될 정도로 기독교가 부흥하고 있다. 국회의원과 정부 각료 중 적지 않은 사람들이 기독교인이 될 정도로 새로운 부흥이 일어나고 있다

목회자의 영적 리더십에 대해 강의하는 가운데 강력한 하나님의 임재가 나타났다. 참석한 목회자들의 마음에 부흥이 임했다. 그들은 회개하며, 눈물을 흘리며 복음의 메시지를 받아들였다. 참석자 모두가 합심하여 기도하는 가운데 성령의 기름 부으심이 예배당에 충만했다. 우리는 하나님을 찬양했고 하나님의 영광이 그곳에 임했다.

우간다의 현지 목회자들은 미국의 한인 교회들이 선교의 동반자 심정으로 우간다 교회의 부흥에 참여해 줄 것을 요청했다. 그들의 절실한 과제는 목회자의 빈곤 문제, 무당들과의 능력 대결, 준동하는 이슬람 세력과의 갈등, 보다 전문화된 목회 지도력, 경제 발전에 따른 새로운 교회 지도력 등이었다. 다른 아프리카 지역과는 달리 여성 목회자들의 리더십이 눈에 띄는 것이 인상적이었다.

이번에 르완다에서 온 목회자들이 르완다 지역에도 동일한 목회 세미나를 열어 줄 것을 요청했다. 미국의 목회자들 중에는 이중 언어에 능숙한 분들이 많다. 더 많은 분들이 영어로 훈련을 이끌어 준다면 아프리카 지역에 새로운 목회자 훈련 열풍이 불지 않을까 생각한다.

미국 목회자들이 아프리카의 현지 목회자 훈련에 연대해 참여한다면 우리의 영성과 리더십에 강력한 도전이 될 수 있다고 확신한다. 아울러 현지 목회자들에게는 생수와 같은 훈련이 되어 현지 토착 교회를 세워 나가는 원동력을 제공할 것이다.

한국식 통성 기도로 선교지를 점령하라!

얼마 전에 케냐와 에티오피아 선교를 다녀왔다. 원래 봄에 예정된 목회자 훈련이 케냐의 내전으로 취소되었다. 그런데 이번에는 에티오피아 목회자 훈련과 함께 요청되었다.

하나님 앞에서 내가 서원한 것은 현지 목회자를 훈련시키는 선교 사역을 우선순위로 감당하겠다는 것이었다. 사실 개교회를 목회하는 목회자로서 아프리카의 두 나라를 순회하며 현지 목회자를 훈련시키는 것은 쉬운 스케줄이 아니었다. 또 수십 시간을 비행하면서 선교지로 떠나는 것도 이제 내 나이에는 부담이다. 그러나 수백 명의 현지 목회자가 기다린다는 그 말에 못 이겨 또 선교의 발길을 내딛었다. 교인들이 이러한 목회자의 비전을 이해해 주고 기꺼이 성원해 주고 있음이 고마울 따름이다.

케냐에서 몇 년째 목회자 훈련을 계속해 오고 있다. 케냐는 아프리카 선교의 교두보가 되는 중요한 나라다. 감사하게도 케냐 동북부의 포콧 부족에 교회와 학교가 세워졌다. 우리가 그 부족을 처음 찾을 때만 해도 그들은 복음을 전혀 알지 못했다. 그런데 이제는 복음을 받아들였고, 교회가 6개나 세워졌다. 그 지역의 목회자 중 한 명은 우리 교회의 선교단 일행을 심히 괴롭혔던 사람이다. 그런데 그 사람이 이번 목회자 훈련에 참석하여 나와 기념사진을 찍었다. 하나님의 은혜가 아닐 수 없다. 목회자 훈련을 마치고 7개 부족의 목회자들이 각자 나와 자기 부족 고유의 춤과 찬양을 하나님께 올렸다. 참 감격스러웠다.

에티오피아 왈라이타에서 목회자 훈련이 있었다. 5년 만에 다시 찾은 에티오피아는 예전과 달리 활발한 경제 성장을 이루고 있었다. 한국의 초기 경부고속도로 같은 수준의 고속도로를 한국의 경남기업에서 무료로 건설해 주었다. 그래서 예전에는 SIM 선교사들이 한 달 걸려서 당나귀를 타고 가 복음을 전했다는 그 길을 4시간 만에 달렸다. 작년만 해도 8시간 이상 달린 길이었는데 시간이 단축된 것이다. 복음을 위해 하나님이 만들어 주신 로마대로와 같은 길이었다.

남부 지역의 약 450명의 현지 목회자들이 모였다. 이슬람권의 포교 활동이 엄청난 기승을 부리는 곳이다. 곳곳에 모스크 사원이 세워지고 사우디아라비아 오일 달러로 포교가 활발한 곳이다. 기독교와의 영적 전쟁의 전운이 느껴질 정도였다. 현지 목회자들의 정신적인 무장이 필요한 시점에 목회자 훈련이 이뤄져서 하나님께 감사드렸다.

매일 13~14시간 동안 목회자 훈련을 강행했다. 강력한 말씀의 훈련과 기도 훈련, 성령의 능력으로 무장하는 사역자 훈련을 강도 있게 진행해 나갔다. 아무런 미동도 없이 장시간을 나무 의자에 앉아 마치 스펀지가 물을 빨아들이듯이 말씀과 영성의 훈련에 열중한 현지 목회자들의 영성이 놀라울 뿐이다.

에티오피아 교회는 지난 17년 동안 공산 치하에서 수많은 목회자들이 고난을 받고 훈련된 교회였다. 또 솔로몬과 교제했던 시바 여왕과 사도행전에서 빌립이 전도했던 구스 내시의 믿음의 전통이 흐르는 역사적인 교회다. 그 교회에는 동방 교회의 영성이 더 강하다는 것을 느끼게 되었다. 말씀과 기도에 은혜를 받고 할렐루야로 화답하는 그들의 모습이 너무나도 귀하게 느껴졌다.

마지막 시간에 한국식으로 통성 기도를 하면서 그들을 기도의 훈련으로 초대했다. 성령의 불이 그들 가운데 임하여 수백 명의 목회자들이 교회 앞자리에 나와 무릎 꿇고 울부짖으며 성령의 은혜를 간구했다. 한 시간이 넘게 찬양하고 통회하며 회개하는 그 자리에 성령의 능력이 임했다. 우리는 에티오피아 교회와 그 나라의 구원을 위해 하나님께 뜨겁게 간구했다.

아프리카 교회에 새로운 각성과 영성의 물결이 동터 오고 있음을 깨닫게 되는 선교의 현장이었다. 아프리카 교회가 깨어나고 있다! 그 부흥의 물결에 한국 교회, 특히 이중 언어와 이중 문화로 무장된 미국의 한인 교회가 사용되고 있음은 너무나도 큰 축복이다.

한인 교회들이여, 선교의 깃발을 높이 들고 세계 선교에 헌신하는 축복의 통로가 되자!

산상 기도 운동으로 부흥의 불길이 타오르다!

에티오피아는 신비의 나라다. 구약에서 에티오피아는 '구스'로 나온다. 기독교가 전래된 역사가 아프리카의 어느 나라보다 오래되었다.

신약에서 빌립이 구스 내시에게 복음을 전하는 장면이 나온다. 나는 5년 전 아프리카에 명성병원을 개원할 때 처음 에티오피아를 방문했다. 거리마다 구걸하는 거지 떼로 가득 차 도저히 차가 지나갈 수 없을 정도로 최빈국이었다. 기아와 가뭄의 대명사 같던 나라다. 그 나라를 세 번째 방문했는데, 얼마나 변화하고 있는지 모른다. 거리마다 고층 빌딩이 들어서고 있다. 중국 건축회사 이름이 붙은 빌딩의 건설로 분주하다. 중국의 황하 문명이 수많은 아프리카 국가를 침입하고 있다.

에티오피아에는 한국의 1970년대 초와 같은 비약적인 부흥 운동이 일어나고 있다. 매년 목회자 세미나로 모이고 있다. 이번에 남부 왈라이타를 중심으로 목회자들 500명이 모여 강도 높은 목회자 훈련을 하게 되었다. 에티오피아 목회자들은 다른 아프리카 국가의 목회자와는 다른 영성을 갖고 있다. 고요하고 깊은 영성이 흐르고 있다. 작은 나무 의자에 앉은 채 말씀에 정신없이 심취하는 모습이 인상적이었다.

에티오피아는 현재 영적 전쟁이 진행되고 있다. 시골의 빈촌에까지 오일 달러가 유입되면서 속속 모스크 사원이 세워지고 있다. 이슬람의 활발한 포교 활동이 진행되고 있다. 그뿐 아니라 이슬람교의 기독교인들을 향한 테러가 일어나면서 내전의 가능성으로 확대되고 있다.

에티오피아에서 차를 타고 남쪽으로 가면 왈라이타가 나온다. 기독교가 강력히 자리 잡고 있는 지역이다. 주일이면 흰옷을 입고 교회를 향하는 수많은 기독교인의 모습을 보며 감격하게 된다. 그곳에는 신싱기도 운동의 불길이 타오르고 있다. 암바리쵸, 코이샤, 다모타, 후보 그리고 이번에 산상 운동이 벌어지고 있는 꾸자 지역까지 5개의 산을 중심으로 영적 산상 부흥운동이 일어나고 있다.

이번에도 꾸자 지역의 산을 중심으로 약 1만 명의 성도가 모여 산상 기도회를 열었다. 그 기도회의 열기는 가히 하늘을 찌를 듯했다. 암바리쵸 산상기도회에 무려 6만 명의 성도가 모여 에티오피아의 부흥과 선교를 위해 기도했다. 산에서 부흥 운동을 일으키는 민족은 한민족과 에티오피아 민족뿐인 것 같다. 한라산 고도의 2배가 넘는 꾸자 산에는 이른 아침부터 산을 오르는 기독교인들로 가득 차고 있었다. 산에 도착하니 이미 수천 명이 모여 찬양을 부르고 있었다. 거룩하고 아름다운 모습이었다.

찬양과 기도를 드리는 가운데 강한 성령의 임재를 느낄 수 있었다. 어린이부터 노인에 이르기까지 찬양하며 할렐루야를 외치며 감격했다. 뜨거운 찬양과 기도가 계속 이어졌다. 말씀을 증언하는 가운데 주님의 임재가 나타나고, 모인 곳에 하나님의 영광이 드러났다. 집회 중 영적 전쟁이 일어나기도 했다. 성령의 위로가 가난과 어둠에 시달리고 있는 에티오피아 백성에게 나타났다. 많은 사람이 하나님을 새롭게 믿고 회심하는 역사가 나타났다. 에티오피아의 이슬람 지역으로 선교사를 파송하며 헌금하는 시간도 갖게 되었다. 또 예배를 드린 그곳에 기도원을 세우기로 결정했다.

현재 남부 지역을 중심으로 성도들의 강력한 산상 기도 운동이 에티오피아를 바꾸고 있다. 그들이 산에 모여 하나님께 간절히 부르짖으며 기도하고 있다. 그 간절함이 하나님의 마음을 바꾸게 하는 것 같다. 이전에는 그렇게 자주 나타나던 기근과 재해가 서서히 사라지고 있다.

중남미에도 부흥의 불길은 타오른다

몇 년 전에 아르헨티나 선교를 다녀왔다. 선교 집회가 늘 그러하듯이 철저한 성령의 무장과 간절한 기도로 준비하는 가운데 역사가 강하게 나타남을 깨닫게 된다. 케냐와 에티오피아에서 일어났던 강력한 성령의 역사가 다시 한번 나타나기를 간구했다. 토요일 아침에 현지 목회자 집회가 열렸다. 약 150명의 목회자들이 모여 말씀을 경청했다. 성령과 부흥과 영적 리더십에 대해 강의한 후 목회자들을 초청하여 안수 기도를 해 드렸다. 안수 기도 가운데 성령의 은혜가 나타났다. 회개와 성령 충만의 역사가 나타났다. 우리는 함께 찬양하며 하나님께 영광을 돌렸다.

아르헨티나 목회자들은 대부분 학력이 중졸이나 고졸이다. 그들의 영적, 지적 수준을 높이는 것이 아르헨티나 교회가 당면한 문제다. 아르헨티나 교회에 중산층과 지식층이 늘어나고 있기 때문에 그들에게 효과적으로 목회하려면 지적, 영적인 보완이 시급하다. 그들에게 사명감은 있지만 제자 사역, 말씀 사역을 효율적으로 감당하지 못하는 안타까움이 있다. 말씀에 입각한 제자훈련 사역과 성령 사역이 보완된다면 강력한 교회 성장을 기대할 수 있다.

토요일 저녁에는 엘누벤 파테르교회에서 현지인 집회가 있었다. 매년 광장 집회를 했는데 이번에는 교회 옥내 집회로 대신했다. 약 1,000명이 모인 가운데 집회를 열었다. 부흥과 회개에 대해 집중적으로 설교했다. 설교를 마치고 치유와 성령 충만을 위해 안수 기도를 했다. 회개의 영이 충만하게 나타났다. 젊은 청년이 기도 가운데 은혜 받고 변화되었다고 외치면서 하나님의 은혜를 간증하기도 했다. 집회를 마치면서 찬양의 은혜가 임했다.

주일 아침에는 아르헨티나 중앙교회 예배에 참석했다. 아르헨티나 중앙교회는 아르헨티나에서 가장 큰 한인 교회로 교인이 2,000명 정도다. 7년 전 부임한 나호철 목사님과 함께 교회가 새롭게 변화하고 있었다. 나호철 목사님은 그 교회에서 자란 1.5세로 아르헨티나에서 의학을 공부하고 미국에서 인턴을 했다. 그 후 신학을 전공하여 선교사를 지망했으나 교회가 그를 담임목사로 초청했다. 나 목사님은 그 교회에 부임해서 한때는 문화적인 차이로 어려움을 겪기도 했다고 솔직히 고백했다. 이제는 그 어려움을 극복하고 새로운 시대의 목회를 펼쳐 나가고 있다.

교회는 팀 사역 매뉴얼 세미나를 시도하는 등 목회 패러다임을 변화시켜 나가고 있었다. 선교에 대한 뚜렷한 비전을 갖고 있었다. 목사님은 현지인 목회자들을 훈련하는 사역이 가장 우선되는 선교 사역이라고 했다. 특히 현지인들을 대상으로 목회학 석사 정도의 학위가 필요함을 강력히 주장했다. 현재 남미에는 브라질에서만 그러한 학위가 가능하다. 미국 한인 교회와 함께 현지인 목회자 훈련의 네트워크 사역을 해 나가자고 제안했다.

아르헨티나 선교 때마다 부에노스아이레스에 숙소를 정했다. 특히 국회의사당 부근에는 젊은이들의 성적 문란이 엿보였다. 곳곳 가판대에는 도색 잡지와 음란 신문이 판을 치고 있었다. 이런 선교지일수록 강력한 성령의 사역과 치유 사역이 필요하다. 젊은이들을 중심으로 한 비전 사역과 철저한 제자훈련 사역이 시급한 것 같다. 아울러 이들에게 성령의 은혜가 강물처럼 흘러넘치게 한다면 보다 효과적인 사역이 될 수 있으리라 확신한다.

대학생과 지성인들을 위한 선교 사역이 좀 더 체계적으로 펼쳐지기를 희망한다. 현지 한인 교회와의 네트워크를 통해서 젊은이들을 위한 선교 사역이 이뤄진다면, 아르헨티나의 미래를 위해 좋은 영적 투자가 되리라 확신한다.

아르헨티나 선교는 중남미 선교에서 대단히 중요한 역할을 하고 있다. 미국 한인 교회가 중남미 선교를 위해 계속 헌신하기를 바란다.

그리스도의 사랑으로 강퍅한 마음을 녹이라

신년 예배를 드리고 다음 날 일본행 비행기를 탔다. 연말과 연초의 계속되는 교회 집회와 행사로 피곤함이 찾아왔지만 일본 선교사와 한 약속을 도저히 어길 수 없었기 때문이다. 재일 한국기독교총연합회 전국선교사대회가 도쿄 후지 산 자락의 고덴바 YMCA 동산장에서 열렸다. "이 땅의 황무함을 보소서"라는 주제로 동일본과 서일본의 200여 명의 선교사들과 그 가족들이 함께 모여 신년 성회를 가졌다. 이번 집회에 나도 강사로 섬기게 되었다. 그동안 일본을 몇 번 방문했지만 지난해에 일어난 쓰나미, 지진, 방사선 유출 이후에 일본의 모습이 어떨지 궁금했다.

LA에서 하네다로 가는 비행기에는 일본인이 많이 탑승했다. 마스크로 얼굴을 가린 일본인이 적지 않게 보였다. 그들의 마음에는 아직도 불안이 깔려 있는 듯했다. 일본에 입국하면서 대면하는 일본인들의 얼굴은 무표정하지만 깊은 우수가 서려 있었다.

후지 산 바로 밑자락에 있는 YMCA 수양관은 낡고 오래된 건물이었지만 자연 경관이 아름다웠고 공기도 신선했다. 큰 재난 뒤에 열린 이번 대회에는 선교사들이 적지 않게 불참했다는 주최 측 설명이 있었다. 한인 선교사들이 시무하는 교회의 성도가 급감했다고 한다. 어느 교회는 절반이 넘는 성도가 한국으로 돌아가 버리고 말았다. 일본에 와 있던 한인 청년들이 대거 귀국했다는 한인 교회의 우울한 소식도 들렸다. 아직도 일본인들은 재난의 충격에 넋이 빠진 듯했다. 일본 선교사들의 말에 따르면, 이 재난으로 일본인들의 다소 겸손해진 모습을 목격하게 되었다고 한다.

이번 총회에서 가장 감동적이었던 것은, 센다이 지역 피해 지원 네트워크의 대표인 요시다 다카시 목사님이 지진 피해의 현황에 대해 설명하면서 한국 교회의 사랑에 대해 감사를 전한 것이었다. 전 세계의 교회와 그리스도인이 일본 재해지역에 구호 헌금과 구호 활동을 해 준 것을 진심으로 감사했다. 그러면서 아직도 일본 동북부 지역에는 슬픔이 많이 남아 있어서 "새해에 복 많이 받으세요"라는 인사말을 도저히 나눌 수가 없다는 이야기를 하며 울먹이기도 했다.

> 그리스도의 사랑만이 불신과 증오, 그리고 대립의 장벽을 무너뜨릴 수 있다!

요시다 목사님은 대지진 후 애통해하며 하나님께 기도하는 가운데 "왜 이런 엄청난 고난이 일본 동북부에 찾아왔습니까?"라고 여러 차례 질문했다. "이것은 하나님의 진노입니까? 일본이 경제적으로 부유함으로 인해 찾아오는 영적 타락의 결과입니까?"라며 눈물의 기도를 드렸다고 한다. 그러는 중에 하나님의 눈물을 함께 깨닫게 되었다고 고백했다.

놀랍게도 이번 재난으로 인해 주님이 일본을 찾아오셨다고 간증했다. 이 재난이 나라와 나라의 벽을 무너뜨리는 계기가 되었다고 한다. 전 세계의 수많은 사람들이 일본을 찾아와 사랑과 물자를 나눠 주면서 그 벽이 무너진 것이다. 한국과 일본 간 증오의 벽도 무너지게 되었다고 한다. 일본 내 교회와 교회의 벽도 무너졌다고 한다. 가톨릭과 개신교가 하나가 되기도 했다. 사람과 사람 사이의 마음의 벽도 무너졌다. 적의를 가지고 기독교를 대하던 많은 일본 사람들이 교회가 베풀어 준 사랑과 헌신에 대해 고맙게 생각하는 계기가 되었다. 그 강퍅한 일본 사람들의 마음이 하나님의 사랑을 향해 열리게 된 것이다. 심지어 많은 일본의 불신자들이 교인들과 목회자들을 초청해 식사를 나누었다. 사찰의 불자들도 목회자들을 불러 성탄 축하 모임을 요청하기도 했다.

요시다 목사님은 이 모든 화해와 복음의 역사는 지난 시절 일본에서는 감히 상상할 수도 없는 불가능한 역사였다고 말한다. 하나님에게는 불가능이 없으며, 하나님이 이 모든 벽을 무너뜨리고 사람들의 마음을 묶어 주셨다는 감격스러운 간증을 했다. 하나님이 하시면 사람들이 수백 년 동안 하지 못한 불가능한 사랑과 화해가 단시간에 이뤄짐을 목격하면서 하나님의 전능하심에 감격했다고 한다. 그리고 하나님이 이뤄 가시는 복음의 역사, 구원의 역사에 온몸을 던져 남은 생애를 헌신하겠다고 결단했다.

그렇다. 그리스도의 사랑만이 불신과 증오, 대립의 장벽을 무너뜨릴 수 있다!

통일 선교시대를 열어 가라

두 번째로 북한을 방문할 기회를 가졌다. 짧은 시간이었지만 민족의 한이 어린 두만 강을 바라보면서 만감이 교차했다. 북한의 나진과 선봉 지역을 다니면서 수많은 북한 사람을 대할 때 정말 가슴이 아팠고, 그들에게도 하나님이 꼭 필요하다는 사실을 확신했다.

북한 사람들은 조국이란 말을 즐겨 사용한다. 그렇다면 그리스도인에게 조국이란 어떤 의미를 갖는 것일까? 사도 바울은 선교를 하면서 동포에 대한 깊은 사랑과 애정을 표현했다. 또 선교의 통로로 동족을 먼저 택했다. 한 핏줄, 동포라는 공동체 의식은 영원히 사라지지 않는다.

미국 한인 교회는 한국의 교회와는 달리 북한을 객관적으로 볼 수 있는 눈을 가지고 있다. 북한 선교는 북한의 권력 집단과 북한 동포를 나눠서 생각해야 한다. 권력 집단의 폭력과 범죄는 마땅히 미워해야 한다. 그러나 북한 동포는 우리와 한 핏줄이며, 그들은 이 시대의 강도 만난 자들이라는 사실을 깨닫고 그들을 선교 대상으로 생각해야 한다.

그들은 불쌍하고 참혹한 상태에 놓여 있다. 그들은 극도의 불신 사회에서 살고 있다. 사상적인 세뇌 공작으로 인간성은 황폐해지고 심성과 감성은 파괴되어 있다. 하나님의 사랑만이 그들을 회복시킬 수 있다. 아이들까지 사상적 이념의 노예로 살아가고 있는 현실이 안타까웠다.

새벽 3시에 일어나 나진을 바라보며 기도했다. 그러면서 받은 말씀은, 순교자의 피를 신원하겠다는 말씀이었다. 반드시 회복될 수 있다는 하나님의 비전의 말씀이었다. 나는 계속해서 말씀을 전해야 한다고 결단하게 되었다.

선교 지향적인 교회는 하나님의 뜻을 추구하기에 성장한다. 하나님의 놀라운 사랑과 열망을 피부로 느끼기 때문이다. 하나님은 그런 교회를 사용하신다. 성도의 개인적인 삶에서도 마찬가지다. 나는 선교를 다니면서 얻는 영성의 유익으로 늘 하나님께 감사한다. 오지의 땅을 방문하면서 불편함을 인내하는 것을 배운다. 나와 다른 생각을 가진 자들을 향해 열린 마음을 갖는 훈련을 하게 된다. 나 중심적인 세계관과 문화관을 거스르는 훈련을 하면서 하나님을 절대적으로 의지하게 된다.

최근에 기도하는 가운데 북한의 통일 선교라는 하나님의 새로운 비전이 동터 온다는 사실을 확신하고 있다. 하나님의 비전은 반드시 성취될 것이다. 그 과정에서 숱한 성도가 희생과 헌신과 기다림을 배우게 될 것이다. 그리고 언젠가는 하나님을 찬양할 것이다. 하나님의 강물처럼 넘치는 자비와 은총을 경배하게 될 것이다. 미국의 수많은 형제자매가 하나님 나라의 비전을 안고 평신도 선교사로, 전문인 선교사로 파송될 날이 성큼 다가올 것이다. 하나님은 디아스포라 선교의 사명을 위해 우리를 이 미국 땅에 불러 주셨다.

하나님의 선교를 위한 담대한 비전을 계속 키워 나가는 선교 지향적인 교회가 되자!

새로운 하나님의 모략, 디아스포라 선교

얼마 전 필라델피아에서 선교 콘퍼런스가 있어서 다녀왔다. 제기된 여러 가지 선교 주제 중에 가장 내 마음에 와 닿은 주제는 디아스포라 선교였다. 하나님의 궁극적인 관심인 선교도 이제까지 해 온 기존의 방식에서 탈바꿈해야 한다는 절실한 도전을 안고 있는 시점이다. 이러한 때에 새로운 영역의 선교로 부상하는 것이 디아스포라 선교다. 이 선교는 그동안의 전통적인 선교 방식을 뒤집는 중요한 선교의 방향이자 전환이다. 2010년 로잔선교대회에서 '디아스포라' 이슈가 특별한 각광을 받아서 다시 그 주제를 논의하고 있다.

어떤 선교학자들은 디아스포라 선교를 '하나님의 모략'이라고 하면서 오랜 기독교 역사 속에서 하나님에 의해 각별히 의도된 선교 전략이라고 말하고 있다. 하나님은 부흥하던 예루살렘 교회를 흩뜨려 놓으셨다. 그래서 예수의 제자들이 복음을 들고 사마리아로, 유럽으로 다니며 하나님 나라를 확장시켜 나갔다. 초대 교회의 선교사들은 가는 곳마다 유대인 디아스포라 네트워크를 가동시켰다. 그리고 바울과 바나바, 실라, 루디아, 누가, 아굴라, 브리스길라, 디모데 같은 다중 언어, 다중 문화의 감각을 지닌 선교사들을 배출시켰다.

이러한 디아스포라 선교가 21세기에 다시 부상하고 있다. 하나님은 한민족을 전 세계에 흩으셔서 세계 복음화라는 절묘한 하나님의 섭리를 펼치시고 있다. 전 세계 5,000개의 이민 교회와 700만이 넘는 한인 디아스포라를 포진시키신 하나님의 지혜는 놀랍기만 하다. 한인 디아스포라를 통해 세계 선교의 전략적인 교두보를 만들어 가고 계신다.

하나님은 한민족을 일제의 침략을 통해서, 해방 이후 민족의 비극을 통해서, 베트남전과 북미로의 이민, 간호사와 광부의 유럽 이주, 중남미로의 이민, 해외 자유화, 단기선교 운동을 통해서 전 세계로 흩어 놓으셨다. 세계 어느 민족에게서도 보기 드문 타문화 선교의 체질로 우리 민족의 DNA를 바꿔 놓으셨다. 전 세계에 한인 선교사가 존재하지 않는 곳이 없다. 그들은 한국 대사관 직원들보다 그 나라의 실정을 더 잘 꿰뚫고 있으며, 현지에 깊이 뿌리를 내리고 있다. 이것은 분명 하나님이 주신 축복이다.

이렇게 전 세계에 흩어진 한인들로 인해 디아스포라 선교가 서서히 거대한 네트워크를 형성하고 있다. 이제는 보다 차분하고 전략적인 네트워크로 선교를 발전시켜야 한다. 아울러 전 세계의 교회와 적극적으로 손잡고 동역해야 할 전환기에 와 있다.

이번에 필라델피아에서 있었던 선교 콘퍼런스에 유럽의 한인 선교학자들과 선교사들이 자리를 함께했다. 이들로부터 유럽 교회의 현실과 유럽 한인 교회의 선교 비전을 들으면서 위로를 받을 수 있었다. 선교의 총사령관 되시는 주님이 이제는 전 세계적인 네트워크를 만들어서 선교적 시너지를 창출하라는 명령을 내리셨다는 확신이 오기 때문이다.

유럽도 그렇지만 이제는 미국도 타 민족 디아스포라를 선교지로 삼아 디아스포라 선교를 강화할 때다. 유럽에는 이미 수많은 이슬람교도가 이주해서 자리를 잡고 있다. 미국도 수많은 소수 민족이 속속 이주해 오고 있다. 내가 살고 있는 애틀랜타도 10년 전에는 볼 수 없었던 다수의 소수 민족이 이주해서 다문화 사회가 되어 가고 있다. 한국 역시 120만 명이 넘는 이주노동자와 외국인이 찾아오고 있다.

이제 교회는 이러한 이민자를 하나님이 교회 공동체에 축복을 주시는 선교의 통로로 이해해야 한다. 그리고 이들을 선교적인 원리를 따라 전도하고 선교하는 일에 힘써야 한다. 특히 디아스포라 한인 교회는 현지 언어와 문화에 익숙한 2세, 3세들을 훈련시켜서 한인 사회 바깥의 현지인들에게 복음을 전하는 디아스포라 선교사로 성장시켜야 한다.

우리 교회도 최근 애틀랜타에 이주해 살고 있는 인도 출신의 젊은이들을 2세 예배에 초청하기로 결정했다. 앞으로 2세 교회는 팬 아시아 스타일의 다중적인 예배와 목회가 될 것이라고 예상하고 있다. 디아스포라 2세와 3세들을 선교사로 육성해 나간다면 세계 선교를 주도하는 강력한 디아스포라 선교라는 새로운 비전을 하나님으로부터 받게 될 것이다.

어린이들에게도 복음을 전하라

'바나바 리서치'라는 미국 조사기관에서 한 사람이 평생 가지는 행동 양식과 신념 체계는 일반적으로 4~14세에 형성된다는 발표를 한 적이 있다. 영적, 도덕적 기반도 그 나이에 이뤄진다는 것이다. 그리스도인의 영적 정체성도 이때 이뤄진다. 이때가 복음의 수용성이 가장 높은 나이라는 것이다. 이 시기를 놓치지 말고 복음을 전해서 어린이들을 예수의 제자로 만들어야 한다.

다니엘과 세 친구들은 11~14세밖에 되지 않았을 때 성경적인 세계관으로 훈련받았다. 그래서 그들은 하나님 중심의 사고를 이방 땅 바벨론에서도 지켜 나갈 수 있었다. 사무엘은 어린 나이에 하나님의 음성을 듣고 하나님의 인도하심을 받았다. 하나님은 다윗이 어린 소년일 때 그를 광야에서 훈련시키시고 영성의 감각을 갖게 하셨다. 다윗은 10대 청소년일 때 블레셋의 골리앗을 쓰러뜨리는 역사를 이뤘다. 요시야가 소년의 나이로 임금이 되었을 때 하나님은 그를 통하여 이스라엘의 종교와 사회의 개혁을 이루게 하셨다. 디모데는 어린 시절부터 그의 외조모 로이스와 어머니 유니게의 믿음 안에서 양육되었다. 그리고 바울의 신임을 받아 청년의 나이에 교회의 지도자가 되어서 하나님 나라의 일꾼이 되었다.

그러나 성경이 주는 비전과 달리 오늘날 세상의 현실은 너무나 혹독하기만 하다. 수많은 어린이들이 빈곤과 절망과 기아와 전쟁으로 죽어 가고 있다. 그들은 잔인한 노동, 노예와 같은 삶, 성적, 정신적인 학대와 억압으로 죽어 가고 있다. 전 세계의 1억 명의 아이들이 굶주림으로 죽어 가고 있다. 1,500만 명의 아이들이 부모의 에이즈로 인해 고아로 전락하고 있다. 3억 명의 아이들이 영양 부족과 질병에 시달리고 있다. 길거리에서 부랑아로 방황하는 아이들이 1억 명에 육박하고 있다. 1,000만 명의 아이들이 거리의 매춘으로 내몰리고 있다. 이들에게 복음으로, 교육으로, 빵으로 선교하는 일이 어느 선교보다도 시급하다.

그동안 나는 하나님의 선교 비전을 받아 다양한 선교를 해 보았다. 최근 몇 년 동안 케냐의 오지 포콧과 사회주의 국가 니카라과에 유치원, 초등학교, 중고등학교를 설립하면서 새로운 선교의 희망을 발견하고 있다. 아이들을 성서적인 가치관을 통해 하나님의 자녀로 성장시키는 교육 선교는 새로운 선교 기회의 장이 될 것이다.

그동안 수많은 선교를 해 오면서 4/14 세대가 갖는 선교의 가능성과 잠재력이 무시되는 실정을 보았다. 성인들을 위한 선교는 시한부적

일 때가 많다. 돈과 자원이 공급되는 한 교인이 되지만 그 자원이 중단되는 순간 그들은 복음으로부터 멀어지곤 한다. 어린 시절부터 복음의 가치관을 심는 교육 선교가 가장 효과적인 선교 자원이 될 수 있으리라 확신한다.

오늘날 어린이들과 청소년들은 테크놀로지의 세대다. 기계 문명은 이들에게 변화를 가져다주지만 파멸에 이르는 무서운 독약이 되기도 한다. 이러한 디지털 세대는 전통적인 가치관을 쉽게 무너뜨리며 세상 문화에 동화되기도 한다. 전 세계의 4/14 세대들이 잃어버린 세대가 되지 않도록 우리의 인적, 물적 자원을 동원하여 헌신하자!

하나님께 받은 선교 비전을 품고 행하라

몇 년 전 돌아가신 어머니를 생각할 때마다 늘 마음이 찡해 온다. 특히 5월의 어머니날을 맞이하면서 그 추모의 마음이 간절해진다. 어머니는 나를 위해서 얼마나 많은 기도를 해 주셨는지 모른다. 내가 목회자의 길을 가겠다고 결정했을 때 가장 기뻐하셨다. 나이가 드셔서 나와 같이 사시자고 권유해도 내 목회에 짐이 된다며 완곡하게 거절하셨다. 그런데 어머니가 몹쓸 병에 걸려서 몇 년을 고생하시다가 하나님의 부르심을 받게 되었다.

어머니를 여의고 나서 몇 달 동안 나는 말할 수 없는 허무감에 빠져들게 되었다. 어머니의 잔상을 잊어버리려고 몸부림쳤지만 내 마음에 슬픔이 파도처럼 몰아쳤다. 목회가 제대로 이뤄지지 못할 정도로 마음에 고통이 찾아왔다. 아버님의 소천 때는 이렇게까지 마음이 무너지지 않았는데 어머니의 경우에는 그 정도가 심했다.

어느 날 하나님께 간절히 기도하게 되었다. 어머니의 미망으로부터 벗어나게 해 달라고 매달리며 기도했다. 그런데 어느 날 꿈에서 어머니가 "너는 하나님으로부터 받은 비전이 있지 않느냐? 그것을 계속 행하라"고 말씀하시는 것을 듣게 되었다. 그 음성을 듣는 순간 나의 모든 슬픔이 일순간에 사라지고 말았다. 하나님이 내게 주신 그 비전을 붙들고 남은 내 인생을 비전에 쏟기로 결단하면서, 내 마음에 다시 한번 소망이 피어났다. 그리고 어머니를 잃은 슬픔에 더 이상 연연하지 않게 되는 치유가 찾아왔다.

어머니가 깨우쳐 주신 하나님의 비전은 전 세계를 다니면서 목회자를 훈련시키는 선교의 비전이었다. 선교지를 다니면서 현지 목회자의 리더십과 영성을 훈련시키는 일의 중요성을 깨닫게 되었다. 아무리 현지에 교회를 잘 지어 주고 재정적인 후원을 해도 현지 목회자들이 바로 서지 못하는 한 교회는 성공적인 사역을 해 나갈 수 없다. 그들의 영성과 리더십 훈련은 교회의 앞날을 좌우하는 중요한 무기다.

하나님은 내게 리더십 훈련이라는 은사를 주셨다. 리더십에 관한 책도 두 권 출판했다. 그리고 여러 나라와 지역을 다니면서 다양한 문화권의 지도자들에게 리더십 훈련을 계속할 수 있는 은혜를 주셨다. 그러면서 현지 목회자들을 훈련시키는 일에 관심을 갖게 되었다. 케냐, 에티오피아, 중국의 가성 교회, 중남미의 수많은 현지 목회자들을 만나서 울고 웃으며 그들에게 지도자 훈련을 시키고 있다. 하나님이 내게 주신 비전으로 이 사역을 감당할 때마다 기쁨과 열정으로 하고 있다.

몇 년 전부터는 몇몇 분들이 이 일을 위해 귀한 헌금을 해 주고 계신다. 그래서 보다 다양한 지역으로 다니면서 이 사역을 감당하고 있다. 지난주에도 니카라과에서 약 500명의 목회자들을 훈련시켰다. 그들의 목회 상황에 맞는 목회자 훈련 프로그램을 기획하여 몇몇 목회자들과 함께 사역하고 돌아왔다.

이러한 초문화적인 사역자 훈련은 쉬운 일이 아니다. 그들이 안고 있는 문화적이고 목회적인 상황 변수가 우리의 목회 현실과는 너무나 다르기 때문이다. 그러나 그들이 목회하는 교회와 성도는 우리와 동일한 사람이고 동일한 하나님의 교회이기에 똑같은 문제와 영적 전쟁이 일어나는 것을 발견하게 되었다. 사도 바울의 목회서신서와 사도행전은 어디에나 적용할 수 있는 동일한 선교 교과서라고 할 수 있다.

앞으로 목회자 리더십 훈련을 위해서 보다 체계적인 커리큘럼을 기획하고, 현지 목회의 실정에 맞는 훈련 프로그램의 교안을 심층적으로 만드는 작업을 계속하고자 한다. 현지 목회자 훈련을 위해 마음을 같이하는 동역자들이 점점 늘어나는 것은 하나님의 놀라운 은혜라고 확신한다.

선교의 현장에서 비전 콘퍼런스를 가지라

목회를 하면서 교회 리더들이 사역의 현장을 경험하는 것이 중요하다는 인식을 늘 하고 있다. 특히 당 회원들과 운영위원들은 사역에 대한 현장 감각이 꼭 필요하다고 본다. 교회 학교의 교육 현장을 모르는 리더가 어떻게 교회 학교를 논할 수 있는가? 선교지 현장을 다녀오지 않은 리더가 선교 정책에 대해 어떻게 의견을 제시할 수 있겠는가? 그러므로 사역 현장에 대한 감각은 교회의 리더에게 필수적이다.

특히 선교 사역은 선교지의 현장을 경험하지 않고서는 선교에 대한 구체적인 아이디어를 가질 수 없다. 선교지에 대한 이해도 없이 회의 석상에서 추상적으로 논의하는 선교란 위험하기 짝이 없다. 그래서 요즘 수많은 교회가 1~2주일간 타 문화를 경험하는 선교 비전 여행을 다녀오기도 한다. 이러한 선교 비전 여행은 선교지와 타 문화에 대한 새로운 인식을 가져다준다.

지난주에 우리 교회의 모든 당 회원과 교역자들이 과테말라로 선교 비전 여행을 다녀왔다. 교회의 리더들이 선교지의 상황을 보다 심층적으로 이해하도록 돕기 위해서다. 감사하게도 모든 리더가 선교 여행에 동참했다. 쉽지 않은 일이지만 하나님의 은혜로 전원이 선교지를 다녀오는 기록을 남겼다. 어린아이같이 즐거운 마음으로 선교 여정에 올랐다.

과테말라는 중남미 선교지의 전략적인 기지다. 최근 과테말라는 급격한 복음화로 선교의 열기가 대단하다. 교민이 8,000~1만 명 정도로 추정되는 이곳에서 다수의 한인 교회가 선교의 중요한 가교 역할을 하고 있다. 우리 일행을 선교지로 안내해 준 교회는 과테말라 사랑의교회다. 그 교회의 장로님 전원이 공항과 식당에 나와 우리를 환영해 주었다. 따뜻한 그리스도의 사랑이 요동치는 여정이었다. 우리 일행은 선교지에 대한 프레젠테이션을 통해 생생한 정보를 얻을 수 있었다. 직접 사역의 현장에 나가 있는 선교사들의 보고를 통해 심층적인 선교의 이야기를 들을 수 있었다.

이번 일행 중에는 선교지를 한 번도 경험하지 못한 분도 계셨다. 그 분들의 선교지에 대한 도전은 벅찬 감동을 주었다. 머리로 생각하던 선 교지의 실상을 현지에서 보고 체험하면서 변화되는 것을 보게 되었다.

선교 여행은 선교 현장뿐 아니라 그 나라의 공항과 시장, 사람들의 주거지, 삶의 방식 등을 보며 총체적인 지식을 얻게 해 준다. 문화적인 체험도 선교지에 대한 많은 이해를 가져다준다. 과테말라가 겪어 온 정치적, 사회적, 경제적 변화는 선교지를 이해하는 기본적인 지식이 된다. "숱한 내전을 치르면서 그 국민들이 얼마나 불안해하고 평화를 갈망하고 있는가?" 하는 배경적 이야기는 선교 전략의 기본적인 지식 이 되는 것이다. 우리 일행은 선교 하우스에 모여 찬송하며 하나님을 경배하고, 과테말라를 품고 비전의 기도를 드렸다.

우리는 현지 교회 두 곳을 방문했다. 아침과 저녁에 다른 형식의 예 배를 드리는 두 개의 개척 교회에서 예배를 드렸다. 과테말라 사랑의 교회는 이제는 자리를 잡은 교회였다. 유아부터 노인에 이르기까지 함 께 모여 찬양하며 예배하는 모습이 아름다웠다. 뜨거운 찬양으로 예배 를 드렸고, 강력한 성령의 기름 부으심을 생생하게 느꼈다. 그 교회가 개척된 후 지금까지 겪은 고난과 눈물의 이야기도 들을 수 있었다. 교 회 개척의 이야기를 들으면서 우리 일행 의 마음은 뜨거워졌다.

2박 3일의 일정 동안 선교지를 돌아보 고, 과테말라의 토속 음식을 나누고, 한 방에 기거하면서 많은 이야기를 나눴다. 거실에서 일행과 같이 자면서 누군가 코

하나님의 구원은 교회를 잘 다니는 성도에게 임하는 것 이 아니라 모든 민족, 모든 영혼에게 임한다.

를 심하게 곤 이야기를 아침에 나누며 눈물이 나도록 웃기도 했다. 짧은 시간이었지만 선교의 깊은 정신이 우리 각자에게 흘러넘치며 한 몸이 되는 시간을 갖게 되었다. 우리는 많은 것을 배웠다. 현지 교회, 현지 국민, 현지 선교사로부터 하나님 나라가 확장되는 보람되고 감격적인 순간을 경험했다. 하나님은 오늘도 열방에서 열심을 가지고 일하시고 계심을 체험하는 소중한 여정이었다.

성경에서 일관되게 전하는 분명한 메시지가 있다. 하나님은 한 영혼도 멸망하기를 원하지 않으신다는 것이다. 하나님의 사랑을 계시하는 것이다. 우리는 북한 정권을 때로 비난하기도 하고 그들의 불순한 의도를 못마땅하게 여긴다. 그러나 그 북한 정권 뒤에 웅크리고 있는 수많은 불쌍한 영혼을 외면하기가 쉽다. 북한 선교는 이데올로기를 떠나 하나님의 사랑으로 해결해 나갈 과제라고 본다. 하나님의 구원은 교회를 잘 다니는 성도에게 임하는 것이 아니라 모든 민족, 모든 영혼에게 임한다. 우리는 이러한 하나님의 비전과 사랑을 깨닫고 선교하는 교회, 선교하는 인생이 되어야 한다.

선교가 빠진 교회는 참된 교회가 될 수 없다. 선교가 빠진 그리스도인은 참된 그리스도의 제자가 아니다. 선교는 경제적으로 여유 있는 그리스도인이 신앙의 액세서리로 하는 것이 아니다. 선교는 그리스도 안에 있는 우리 모두의 존재와 삶의 목적이다. 그런데 많은 성도가 하나님의 비전을 깨닫지 못하고 있다. 그 비전을 각자의 삶의 중심에 놓고 살지를 못한다. 하나님의 비전을 깨닫지 못하면 하나님과의 친밀함과 축복을 누릴 수 없다. 하나님의 비전을 성취하며 사는 삶이 가장 풍성하고 의미 있는 삶이다.

가서 모든 족속으로 제자를 삼으라는 주님의 명령에 순종하지 않는다면 우리가 어떻게 예수를 따르는 제자라고 할 수 있겠는가? 나는 중국의 연변과학기술대학을 방문하면서 교수들이 자신의 삶을 희생하고 자신의 꿈을 내려놓고 하나님 나라를 위해서 헌신하는 모습에 감동을 받았다. 그들은 하나님의 비전을 발견했기에 겸손히 자신의 특권을 포기했다. 아니, 포기라는 단어보다는 새로운 것을 향해 자기를 던졌다는 표현이 올바를 것이다.

선교하는 교회, 선교하는 인생

❶ 선교의 현장에서 하나님은 화해와 복음의 역사를 이루신다.
❷ 하나님은 민족을 전 세계에 흩으셔서 세계 복음화라는 절묘한 하나님의 섭리를 펼치신다.
❸ 어린 시절부터 복음의 가치관을 심는 교육 선교가 가장 효과적인 선교 자원이다.
❹ 선교는 그리스도 안에 있는 우리 모두의 존재와 삶의 목적이다.

하나님의 구원은
교회를 잘 다니는 성도에게
임하는 것이 아니라 모든 민족,
모든 영혼에게 임한다. 우리는 이러한
하나님의 비전과 사랑을 깨닫고
선교하는 교회, 선교하는
인생이 되어야 한다.

::

하나님과의 깊은 교제가
사역의 열매를 맺게 한다.
주님의 인도하심을 간절히 구하는
영적 리더십이 목회를 변함없이
지속하게 하는 원동력이 된다.

chapter 12

새로운 부흥의 물결로 교회를 혁신하라

하나님만이
나의 리더십의 **원천이다**

●

리더십의 위기가 찾아올 때 우리는 비로소
리더십의 본질을 돌이켜 보게 된다. 진정한 리더십은 어디에서
오는 것일까? 리더십의 근원은 하나님을 깊이 체험하며
하나님 앞에 온전히 무릎을 꿇는 것이다.
하나님만이 진정한 리더십의 원천이 되신다!

리더십의 위기를 경험하라

미국에서 학위를 마치고 한국으로 돌아가 무언가 대단한 일을 하리
리 기대했나. 그러나 대학 졸업 후 시작한 대기업에서의 직장 생활은
매일 밤이면 동료들과 또 거래처 손님들과 벌이는 술 파티의 연속이었
다. 유아 시절부터 어머니의 손을 잡고 다녔던 교회에서 배운 신앙의

삶과 내 현실의 삶 사이에는 너무나도 큰 괴리감이 있었다. 이렇게 살아서는 안 된다는 절박한 각성이 늘 나에게 그림자처럼 따라다녔다.

내 인생을 나름대로 정리하고 새롭게 살아 보려는 결단을 안고 1983년에 미국 유학의 발걸음을 내딛었다. 아버지의 죽음, 직장 생활에서의 회의감, 새 삶을 살고 싶은 욕망이 복합적으로 작용하여 선택한 결과였다.

미국에서의 유학 생활은 쉽지 않았다. 언어의 장벽과 낯선 환경, 적지 않은 유학 경비 등으로 심신이 지쳐 왔다. 그러면서 나도 모르게 하나님의 말씀에 대한 갈증이 찾아왔다. 그 당시 유학생들에게 성경 공부를 가르치며 캠퍼스 선교를 하던 어느 백인 목사님과의 만남은 내게는 생수와 같은 은혜였다. 어느 날 요한복음을 공부하면서 우물가의 사마리아 여인에 대해 묵상하게 되었다. 방황하며 세상 욕망에 빠졌던 그 여인은 타는 목마름으로 영원을 갈구하며 생수를 구했다. 번들거리는 인간적인 야망을 안고 하나님의 목적과는 상관없이 살아왔던 나의 자화상이 바로 그 여인이었다.

그때부터 말씀의 영안이 열리기 시작했다. 하나님의 말씀으로 새로운 세계관과 비전을 찾았다. 바쁜 유학 생활 가운데서도 성경을 놓지 않고 깊이 묵상했다. 이전에는 느끼지 못했던 말씀에 대한 기갈이 나로 하여금 하나님의 은혜를 간절히 사모하게 만들었다. 당시 미시간 주의 랜싱에 있던 이민 교회에서 총각 집사로 임명되어 교회의 궂은일을 다 맡아 했다. 그래도 얼마나 기쁨이 충만했는지 모른다.

대학원을 졸업하면서 내 미래의 비전을 놓고 얍복 강에서 영적 씨름을 하게 되었다. 몇 달 동안 기도와 말씀에 집중하며 하나님의 인도하심을 구했다. 어느 날 하나님이 이사야 43장 18~19절 말씀을 주셨다.

> "이전 일을 기억하지 말며 옛날 일을 생각하지 말라 보라 내가 새 일
> 을 행하리니 이제 나타낼 것이라."

이 말씀을 읽는 순간 말씀이 불방망이가 되어 내 마음을 세차게 흔들었다. 마치 수천 볼트의 전압이 내 심장을 치는 것 같은 느낌이었다. 말씀이 임한다는 경험이 이런 것임을 깨달았다. 그 말씀을 내 소명의 말씀으로 주셨음을 확신하게 되었다. 그 체험이 지난날에 집착했던 모든 세상적인 욕심과 야망을 내려놓을 수 있게 했다. 그리고 1986년, 뉴저지에 있는 프린스턴 신학교에 입학하여 목회자로서의 새로운 여정을 걸어가게 되었다.

이민 목회는 북부 캘리포니아에 있는 새크라멘토교회에서 시작했다. 20명이 모이는 작은 개척 교회에 부름을 받고 이민 목회의 장을 열었다. 첫 목회라 목회적 지식과 경험이 전무했다. 아내와 함께 새벽 기도를 드리면서 하나님께만 매달렸다. 그렇게 시작한 교회가 3년 만에 150명이 모이는 교회로 성장했다.

그러나 짧은 목회의 경험은 나로 적지 않은 시행착오를 거듭하게 했다. 때로 교인들과 다투기도 했고, 신앙이 없는 교인들은 이로 인해 교회를 떠나갔다. 나도 나름대로 상처를 입었다. 그 시절 목회를 생각하면 눈물과 웃음이 나며 얼굴이 붉어지곤 한다. 심지어 어느 날은 축도를 하는 것도 잊고 예배를 마쳤다. 새 가족 한 사람이 오면 온 세상을 얻은 것 같은 감격이 일기도 했다.

1995년에 아틀란타 연합장로교회의 6대 목사로 청빙되었다. 청빙된 기쁨보다는 막연한 불안과 걱정이 앞섰다. 전형적인 전통 교회였으며 당 회원들이 내 아버지뻘 되는 분들이었다. 이민 교회치고는 꽤 역사가 있는 교회였다. 한때는 중형 이상의 교회로 성장하기도 했다. 그러나 몇 년 동안 교회가 심한 분규를 겪은 직후였다. 분쟁의 소용돌이로 인해 교인들도, 목회자들도 상처를 입었다.

전임 목회자들이 타의 반, 자의 반으로 두 분이나 떠난 상태였다. 바른 교회관이 무너지고 리더들과 교인들 간에 신뢰가 상실된 상태였다. 그러나 기도하는 가운데 하나님의 분명한 뜻이 있다고 믿고 부임했다. 나는 부임하고 당회에 교회 개혁의 방안을 제시했다. 기나긴 분쟁과 잦은 목회자 교체로 지쳐 있던 당 회원들은 지푸라기라도 잡는 심정으로 내 개혁 방안에 동의했다. 그때부터 젊은 목회자의 당찬 심정으로 교회 개혁에 시동을 걸었다.

교회 개혁은 때로 목회의 생명을 걸어야 하는 치열한 변화의 과정이다. 몇 년이 지나자 성도가 늘기 시작했다. 젊은 성도가 눈에 띄게 늘어났고, 교회에 생기가 돌았다. 그러나 그 무렵에 목회의 위기가 찾아왔다. 교회의 리더십 간에 알력과 대립이 발생했다. 그렇게 심각한 목회의 위기를 경험하지 못한 나는 그 위기를 과소평가했다. 시간이 지나면 저절로 해결되리라 생각했던 것이다.

그러나 그 갈등은 목회 리더십의 근본이 흔들리는 교회 분쟁으로 확산되기 시작했다. 결국 당회가 나뉘었다. 몇 번 분

> 교회 개혁은 때로 목회의 생명을 걸어야 하는 치열한 변화의 과정이다.

쟁을 겪은 교회는 다시 분쟁에 쉽게 빠져들 수 있다는 사실을 뒤늦게 깨달았다. 성도들을 원망하기도 했다. 그들에게 변명하고 항변하고 싶은 충동도 찾아왔다. 그러나 가만히 입을 다물고 하나님께 간절히 기도하면서 하나님만을 바라보게 되었다. 그때 주님은 잠잠히 하나님께 매달리며 기도하고 찬양하며 하나님의 은혜를 구하는 것만이 내가 할 수 있는 유일한 일임을 깨우쳐 주셨다. 하나님께 집중하는 가운데 나 자신을 돌이켜 보며 회개하며 반성하게 되었다.

리더십의 위기가 찾아올 때 우리는 비로소 리더십의 본질을 돌이켜 보게 된다. 진정한 리더십은 어디에서 오는 것일까? 다윗도 죽음과 같은 광야의 위기 가운데 인위적인 문제 해결 방법을 모두 포기했다. 오직 하나님의 은혜만을 구하며 하나님께 몰입하는 시간을 가질 때 하나님의 거룩한 개입하심을 경험했다.

나 역시 마찬가지였다. 리더십이 송두리째 흔들리며 앞날에 대한 두려움이 엄습했던 그 시간에 하나님 앞에 겸손히 무릎을 꿇었다. 그러자 누구도 원망하지 않게 되었다. 오히려 치열하게 나 자신을 돌아보며 하나님 앞에 교만한 적이 없었는가를 돌아보게 되었다. 새벽 기도와 철야 기도를 하며 시편을 읽고 하나님께 전적으로 매달렸다. 그러면서 다윗이 당했던 그 무고한 아픔이 내 마음에 와 닿았다. 모든 것을 하나님께 위임했다.

그 결과 공동 의회를 통해 기적적으로 죽음과 같은 교회의 길등이 말끔하게 해결되었다. 성도들이 담임목사인 나의 리더십을 투표를 통해서 인정해 주었다. 위기가 기회로 거듭나는 순간이었다. 치열한 위기와 갈등을 통해 진정한 영적 리더십이 무엇인지를 돌이켜 보게 되었다. 하나님에 대한 체험적인 이해를 통해 목회에 대한 통찰력을 갖게 되었다.

하나님만이 나의 소망이시다

목회 리더십의 가장 핵심적인 본질은 사역의 성공이 아니라, 하나님과 교통하는 것이다. 하나님과의 깊은 교제가 사역의 열매를 맺게 하는 근간이 된다. 주님의 인도하심을 간절히 구하는 영적 리더십이 고통, 고립, 위기, 갈등, 배신과 같은 목회의 지뢰밭에서도 목회를 변함없이 지속하게 하는 원동력이 된다.

아틀란타 연합장로교회에서 목회 사역을 한 지 벌써 17년이 되었다. 그동안 목회의 위기는 계속되었다. 평신도 리더들과의 갈등으로 당회를 새벽녘까지 계속할 때도 있었다. 일부의 당 회원들이 나를 반대하는 편지와 연판장을 돌리는 어려운 시간도 찾아왔다. 앞이 한 치도 보이지 않는 위기의 시간도 있었다. 그럴 때는 하나님께 절박하게 매달리며 기도하는 가운데 하나님의 은혜로 그 난관을 한 걸음씩 통과했다.

갈등의 정점에서 비로소 내 자아를 온전히 내려놓고, 진정한 목회를 시작할 수 있다.

위기 가운데 하나님만이 나의 모든 소망이심을 깨닫게 되었다. 그리고 하나님께 나의 모든 것을 맡겼다. 갈등의 정점에서 비로소 내 자아를 온전히 내려놓고, 진정한 목회를 시작했다. 고난 가운데 성령의 능력을 체험하고, 성령의 은사를 받고,

경이로우신 하나님을 찬양하게 되었다.

위기는 삶과 목회의 깊은 의미에 대해 다시 생각하게 하는 카이로스의 시간이었다. 세속적인 목회관을 청산하고 철저히 하나님 중심으로 목회하는 결정적인 동기가 되었다. 결국 리더십의 근원은 하나님을 깊이 체험하며 하나님 앞에 온전히 무릎을 꿇는 것이다. 하나님만이 진정 리더십의 원천이 되신다!

 리더십에 위기가 찾아올 때

❶ 리더십의 본질이 무엇인지 돌이켜 보라.
❷ 목회 리더십의 가장 핵심적인 본질은 사역의 성공이 아니라, 하나님과 교통하는 것이다.
❸ 하나님만이 우리의 모든 소망이시다. 하나님만이 진정한 리더십의 원천이 되신다!

혁신의 패러다임으로 부흥한 아틀란타 연합장로교회 이야기

김재홍 목사

이민 목회는 대부분 이민 생활에서 지치고 상한 성도들의 친교의 장이 되거나 그들의 삶을 위로하는 데 그치고 만다. 그러나 이러한 이민 교회의 현실에도 불구하고 미국의 혁신적인 교회로 거듭난 교회가 있다. 팀 사역과 가정 공동체라는 혁신의 두 날개를 달고 이민자들의 삶과 영혼을 매만지는 아틀란타 연합장로교회의 부흥 이야기를 들려주고 싶다.

절박한 심정으로 혁신하다

정인수 목사를 떠올리면 가장 먼저 생각나는 단어가 리더십이다. 그는 이민 목회의 가장 중요한 요소로 목회자와 교회 리더들의 변혁, 목양, 섬김의 리더십을 강조하고 있다. 이미 두 권의 저서,『교회를 혁신하는 리더십』,『영혼을 혁신하는 목회 리더십』을 통해 교회 성장과 목회 리더십의 상관관계에 대한 실천적인 안목과 전략을 제시했다. 이런 이유로 정인수 목사는 미국 목회자 세미나의 가장 인기 있는 강사 중 한 사람이다. 아울러 미국 전역의 교회를 다니면서 목회자와 평신도 리더의 리더십에 대한 집회와 세미나를 인도하고 있다.

혁신적인 교회만이 살아남는다

정인수 목사의 두 권의 저서에서 흥미로운 특징을 하나 발견하게 되는데, 그것은 '혁신'이라는 단어를 사용한 것이다. "교회를 혁신하는 리더십"과 "영혼을 혁신하는 목회 리더십." 사실 '혁신'이라는 말은 경영 현장을 지휘하는 최고 경영자(CEO)들이 즐겨 언급하는 단어여서 목회자들이 직접 사용하는 경우는 그리 많지 않은 편이다. '혁신'이라는 단어가 갖고 있는 경영적인 이미지와 급진적인 느낌 때문에 목회자들이 다루기가 어려운 것이다. 그럼에도 불구하고 정인수 목사가 두 권의 책을 통해 혁신이라는 단어를 제시한 이유는 무엇일까?

정인수 목사는 "엄청난 속도로 변화하고 있는 현대 시대에 교회가 새롭고 역동적인 모습으로 변화하지 않으면 언젠가는 교회의 생존마저 위협받을 수도 있다는 절박감을 갖고 있었다"고 고백한다. 17년 전 그가 부임했을 때 아틀란타 연합장로교회는 이민 교회의 고질적인 분쟁의 후유증을 겪은 후였다고 한다. 정 목사는 분쟁의 상처와 전통 교회의 허물을 과감히 벗어 버리고 새로운 메타 교회로 나아가고자 몸부림쳤다. 현대 교회는 개혁 정도에 그치는 것이 아니라 혁신적인 변화가 있어야 함을 절감하게 되었다고 한다.

아틀란타 연합장로교회는 미국의 혁신적인 교회로 거듭나게 되었다. 현재 160개에 달하는 역동적인 팀 사역이 있고, 132개가 넘는 가정 공동체에는 생명력과 사랑의 교제가 있다. 만성적인 분규와 갈등 속에서 목회의 시간과 에너지를 낭비하는 전형적인 이민 교회의 모습에서 벗어나 역동적인 이민 교회를 만들고 있다. 온 성도가 말씀과 성령의 능력으로 무장되어 은사를 따라 섬기는 사역 공동체와 영성 공동체에서 섬긴다. 그 결과 아틀란타 연합장로교회는 미국 이민 교회 가운데 가장 건강한 교회 중 하나로 자리매김하고 있다.

아틀란타 연합장로교회를 방문해 보면 교회가 살아 꿈틀거리는 역동적인 느낌을 받는다. 대부분의 이민 교회는 삶의 현장에서 탈진한 성도들을 어떻게 활성화시키느냐는 원초적인 과제를 안고 있다. 지치고 상한 이민자들의 일상생활을 위로하는 것만으로도 목회의 에너지가 소진되는 경우가 많다. 이런 이민자들에게 강력한 동기 부여를 일으키고 삶에 대한 새로운 비전을 갖게 하고 사역에 헌신하게 만드는 것은 여간 어려운 일이 아니다.

그렇다면 아틀란타 연합장로교회의 역동적인 동력과 에너지는 어디서부터 비롯되는 것일까? 이에 대해 정인수 목사는 이렇게 설명한다.

"소그룹을 기반으로 하는 가정 공동체와 팀 사역이 우리 교회의 성도를 활기차게 이끌고 있다." "2003년에 현재의 둘루스 성전으로 이전해 오면서 교회의 사역 구조를 팀 사역과 가정 공동체라는 두 날개의 사역 구조로 바꾸었다. 이민 교회의 애환을 고려할 때, 단순한 성경공부 소그룹이나 예배 중심의 구역 조직이 아니라 삶을 함께 나누는 사랑의 공동체를 만드는 것이 중요하다고 생각했다. 그래서 만든 것이 가정 공동체라는 목양 공동체다. 지역과 연령과 신앙 경험을 고려해서 하나의 공동체로 묶어 주는 일은 성도에게 신앙 성장을 위한 최적의 환경을 조성해 주는 가장 중요한 사역이다."

그렇다면 아틀란타 연합장로교회를 이끄는 또 하나의 날개인 팀 사역은 어떠한가? 사실 이민 교회에서 팀 사역은 실현하기가 쉽지 않은 사역 구조다. 평신도들이 사역에 적극적으로 참여하게 하고 실질적인 리더십을 부여하는 데는 많은 장애 요인이 있다. 특히 리더십의 일정 부분을 평신도들과 공유하는 가운데 긴장과 갈등이 생길 수 있다. 그래서 선뜻 팀 사역 구조로 교회를 변화시키기가 쉽지 않다.

그러나 정인수 목사는 변혁적인 리더십을 바탕으로 평신도들을 사역의 동역자로 초청하고 있다. 특히 이민 교회에서 평신도들의 모임이 사교적인 모임으로 변질되고 친목 단체로 전락하는 것을 지켜보면서 평신도를 사역자로 세우는 팀 사역의 중요성을 강조하고 있다.

"교회는 복음을 전파하고 이웃을 섬기며 그리스도의 몸을 세우는 곳이다. 몸의 지체로서 하나님이 각자에게 주신 은사를 따라 섬김에 동참하는 것이다. 그런데 교회가 주님의 사명을 감당하지 않고, 직분과 경륜을 따지는 명분 사회가 되면 싸움밖에 남는 것이 없게 된다. 그래서 팀 사역을 아틀란타 연합장로교회 목회 구조의 또 다른 날개로 삼아 평신도를 사역자로 세우는 것의 중요성을 강조하게 되었다."

이렇게 평신도 사역 구조의 두 날개를 만들고 지속적인 혁신을 일으키자 전통적인 직분 중심의 교회에서 벗어나 영성과 사역이 있는 사역 중심의 교회로 변화되었다고 한다. 아틀란타 연합장로교회는 둘루스의 새 캠퍼스로 이전한 후 지난 8년간 세 배로 부흥했다. 새로운 성도의 정착률이 뛰어난 것은 바로 가정 공동체와 팀 사역 덕분이었다고 교회 관계자들은 입을 모으고 있다.

목양적 리더십으로 이끌다

처음에 언급한 바와 같이 정인수 목사는 목양 리더십의 대표적인 실천적 이론가다. 그는 목회 초기에 참여한 세미나를 통해 리더십이 발휘하는 영향력에 관심을 갖게 되면서 목양적 리더십에 대한 이론적인 정립을 쌓기 시작했다. 일반 리더십에 대한 연구를 시작으로 리더십에 대한 보편적 특성을 파악하고, 목양적 리더십이 갖는 특징을 정리함으로써 실질적이고 적용 가능한 실천적 목회 리더십 이론을 정리했다.

그는 효율과 생산성을 중심으로 군림하는 일반 리더십이 아니라 사랑과 자발성을 이끌어 내는 섬김의 목양적 리더십이 교회의 성장과 발전에 얼마나 중요한지 거듭 강조하고 있다.

"교회의 리더는 일반 조직체의 리더들과 다르다. 평신도 리더들에게 목양적 리더십을 가르치고 훈련시키지 않으면 안 된다. 그들을 목양적 컨텍스트에 노출시키는 의도적인 훈련과 인도가 필요하다."

이를 위해서 정인수 목사는 당 회원들이 반드시 가정 공동체의 동역장이나 지역장을 겸임하게 함으로써 목양적 마인드를 잃지 않게 하고 있다. 매주 토요일 아침에 모이는 당 회원 모임에서는 반드시 깊이 있는 성경 공부를 하고 리더십 관련 책을 학습하게 하면서 목양적 상황을 각인시킨다고 한다. 이뿐 아니라 당 회원 수련회를 단기 선교로 대신하기도 했다. 오지의 선교지에서 땀을 흘리며 섬기는 모습을 서로 확인하면서 목양적 리더십이 무엇인지 체득하는 것이다.

정인수 목사가 강조하는 목양적 리더십은 여기서 그치지 않는다. 리더십에서도 혁신을 요구하고 있다. 반복적이고 습관적인 리더의 모습이 아니라 창의적이고 개혁적인 리더십을 갖출 것을 요구하고 있다. 정인수 목사는 "혁신에는 이런 리더가 필요하다. 먼저 혁신에 목숨을 건 리더, 변화의 코드를 이해하는 시대적 통찰력을 갖추고 끊임없이 자기 성찰과 지속적인 학습을 이어 가는 리더만이 목회 현장에 변화를 가져올 수 있다"고 강조한다.

실제로 정인수 목사의 서재를 들여다보면 학습하는 리더란 어떤 리더인지를 알게 된다. "책을 읽으면 인생이 바뀐다"는 것이 정 목사의 지론인 만큼 그의 집무실을 차지하고 있는 책의 분량과 다양한 주제에 압도당한다. 주제별 키 워드를 중심으로 사면 벽을 가득 채운 양서를 보면, 목양적 리더가 되기 위해 얼마나 많은 투자와 노력이 필요한지 알게 된다.

학습과 혁신 그리고 경영 마인드를 강조하는 정인수 목사는 다분히 지성적인 면모를 강조하는 목회자로 비쳐진다. 그러나 지성적인 목회의 한계를 절감하고 많은 시행착오를 겪으면서 그가 체득한 것은 사도행전석인 성령의 역사가 일어나는 목회자가 되어야 한다는 것이다. 그에게도 '지성에서 영성으로' 전환하는 패러다임의 이동이 있었다.

성령의 능력으로 선교하다

성령의 능력으로 선교하다. "저는 전통 장로교 집안에서 자랐습니다. 그리고 프린스턴 신학대학원에서 목회학 석사 과정을 마치고 예일대학원에서 실천신학 과정인 신학석사 과정을 아울러 마쳤습니다. 이런 학문적인 배경과 저의 개인적인 성향 때문에 목회 초기에는 지성을 강조하는 목회자였습니다. 그러나 목회를 시작하면서 성도들에게 성경적인 변화가 일어나지 않는 한계를 바라보면서 생각을 바꾸게 되었습니다. 그리고 성령님이 베푸시는 은사를 체험하면서 성령의 능력을 간구하는 성령의 목회자가 되기로 결단했습니다."

그래서일까? 아틀란타 연합장로교회의 예배는 감동과 영성이 있는 예배다. 특히 성도의 연령과 문화에 따라 전통 예배에서 컨템퍼러리 예배에 이르기까지 다양한 장르의 예배를 구성하고 있어서 성도의 감성을 높이고 있다. 뜨거운 찬양과 기도를 통해 영적 인카운터로 인도하고 있다. 교회의 훈련 프로그램에서도 성령의 임재와 말씀의 깊이 있는 연구를 함께 강조하고 있다.

정 목사는 "선교는 교회의 가장 본질적인 존립 목적이다"라고 강조하면서 자신이 먼저 선교 사역에 헌신했다. 지난 12년 동안 케냐, 에티오피아, 니카라과, 아르헨티나, 중국 등 전 세계를 다니며 현지인 목회자를 훈련하고, 교회와 유치원 학교를 세웠다. 지금도 매년 3회 이상 현지인 목회자 세미나를 하고 단기 선교를 떠나고 있다. 정 목사 따라서 단기 선교를 나갔다가 장기선교사, 단기선교사, 동원선교사로 헌신하여 사역하는 성도들이 많다.

케냐의 칼레무낭 지역에는 지난 10년 동안 아틀란타 연합장로교회의 선교 사역으로 우물이 생기고 유치원, 초등학교, 중고등학교가 세워지고, 인근 지역으로부터 "덤불 속의 천국"이라는 소리를 들을 만큼 지역 전체가 변화되는 놀라운 사건이 일어났다. 니카라과에도 유치원과 초등학교를 세우는 등 교육 선교를 강화해 나가고 있다. 지난해에는 교회 2세의 네 가정이 이슬람권과 동아시아에 장기선교사로 파송받아 사역하고 있다. 매년 10개 팀, 150여 명의 성도가 단기 선교를 떠나고 있고 국내에서도 노숙자 사역, 난민 사역, 극빈자 사역, 캠퍼스 사역 등으로 매주 지역 사회와 소외된 자들을 섬기고 있다.

정인수 목사는 이뿐 아니라 한인 사회를 둘러싼 다양한 민족을 품는 다민족, 다문화 목회의 청사진을 제시하고 있다. 애틀랜타는 최근 몇 년 동안 소수 이민자들이 모여 새로운 지역 공동체를 만들어 가는 시점에 있기 때문이다. 그는 "꼭 멀리만 갈 것이 아니라, 우리 주변에 함께 사는 다양한 민족을 위해 생활공동체 교회를 만드는 것이 한인 교회의 거룩한 부담이 되어야 한다고 봅니다. 다행히 언어적으로 잘 훈련된 2세들이 있어서 그들과 함께 새로운 한인 교회의 모습을 만들어 보려고 합니다"라고 소감을 말했다. 아틀란타 연합장로교회는 한인 디아스포라 교회의 정체성을 갖고 안디옥 교회의 선교적 비전을 지향하고 있다.

:: 에필로그

부흥을 사모한다면 리더십을 혁신하라!

　나 자신에게 늘 묻는 질문이 있다. 그것은 "목회란 무엇일까?"이다. 전통 교회에 부임하여 지난 17년 동안 그 교회를 혁신시켜 나가고 있다. 전통 교회에서 새로운 목회 패러다임을 세우는 일은 쉬운 일이 아니었다. 그러나 하나님이 힘을 주셔서 혁신 목회를 이해하고 기도로 성원해 주는 교우들과 믿음의 행진을 걸어가고 있다. 물론 좌절한 시간도 많았다. 어떤 때는 목회의 현장을 떠나고 싶은 충동을 느낄 때도 있었다. 그러나 이제는 그 혁신 목회의 열매가 하나씩 영글어 가며 그 축복을 경험하고 있다.

　혁신 목회를 하면서 나 자신을 먼저 회개해야겠다는 자성이 찾아왔다. 혁신을 할 때 기존 목회와 교회에 대한 평가가 뒤따르기 때문이다. 혁신 목회의 초기에는 나 자신의 부족한 면보다는 제도권 교회에 대한 신랄한 평가를 많이 했던 편이다. 그러나 시간이 지나갈수록 진정한 혁신이란 나 자신의 혁신으로부터 시작된다는 것을 깨닫게 되었다. 그러면서 눈물로 회개하고 하나님께 매달리는 가운데 하나님이 부흥이라는 새로운 은혜를 내리셨다. 교회도 부흥하고 나 자신도 새로운 부흥의 물결이 임하게 되었다. 부흥은 내가 먼저 참회할 때 하나님이 주시는 선물임을 알게 되었다. 한마음으로 하나님께 매달려 기도할 때 부흥이 지속되었다.

오늘날 수많은 교회가 정체와 쇠퇴라는 아픔을 겪고 있다. 그러나 문제는 적지 않은 교회가 자신의 생존에 급급하여 하나님의 음성을 듣지 못하고 있다는 것이다. 미국의 주류 교단들로부터 한국 교회에 이르기까지 하나님의 비전과 관심을 외면한 채 인간의 필요와 이슈에 지나치게 매달리고 있다.

하나님이 주신 비전을 잃고, 제도화되고 관료화된 교회가 얼마나 많은가? 현재의 위기를 교회의 위기, 목회의 위기라고 말한다. 그러나 나는 감히 말한다. 오늘날은 위기보다는 기회다. 지금이야말로 수많은 영혼이 하나님께로 돌아오는 진지한 회심의 시간이 되기 때문이다. 하나님은 초점을 새롭게 하는 영혼과 교회에 부흥의 은총을 내리신다.

부흥하는 교회가 되기 위해서는 하나님의 마음과 열망이 먼저 고려되어야 한다. 예수님을 향한 초점이 분명해야 한다. 아울러 성령 가운데 나타나는 그리스도의 실체를 경험해야 한다. 우리 모두 잃어버린 영혼을 품고 전도하며 선교해야 한다. 하나님은 그분의 교회가 생명으로 충만하기를 원하신다.

하나님으로부터 받은 비전 때문에 온갖 핍박과 고난이 기다리는 사역의 현장으로 나아갈 때 사도행전의 부흥이 찾아오지 않았는가? 목회 현장에 남아 부흥을 향한 전의를 다질 때 하나님은 반드시 부흥의 축복을 주신다. 하나님은 우리가 상상할 수 없는 방식으로 역사하신다.

부흥을 사모하는 모든 영적 리더들이여, 무엇보다도 자신의 리더십을 혁신하라. 하나님의 뜻에 따라 교회의 사역과 구조를 새롭게 하라. 그리고 부흥의 물결이 모든 교회에 흘러가도록 합심해서 기도하자!